Wolfgang W. Müller

Simone Weil – Theologische Splitter

T V Z

Wolfgang W. Müller

Simone Weil – Theologische Splitter

EDITION **N Z N**
BEI **T V Z**

Theologischer Verlag Zürich

Die Deutsche Bibliothek – Bibliografische Einheitsaufnahme

Die Deutsche Bibliothek verzeichnet diese Publikation in der Deutschen Nationalbibliografie; detaillierte bibliografische Daten sind im Internet über http://dnb.ddb.de abrufbar.

Umschlaggestaltung
Simone Ackermann, Zürich,
unter Verwendung einer Foto von Simone Weil, mit freundlicher Genehmigung von Frau Sylvie Weil, Paris

Druck
ROSCH-BUCH GmbH Scheßlitz

ISBN 978-3-290-20051-0

© 2009 Theologischer Verlag Zürich
www.tvz-verlag.ch

Alle Rechte, auch die des auszugsweisen Nachdrucks, der fotografischen und audiovisuellen Wiedergabe, der elektronischen Erfassung sowie der Übersetzung, bleiben vorbehalten.

Inhaltsverzeichnis

Einleitung

«Es ist, als habe Simone Weil völlig allein, unter den Erschütterungen ihrer Zeit, sich den Sinn des Christentums errungen. ... Man kann Simone Weils ganzes Bemühen verstehen als das Bestreben eines Menschen, in einer Wirklichkeit, die den Forderungen des Glaubens radikal widerspricht, den Glauben zu retten.»

Das Zitat Reinhold Schneiders, seinem Feature «Simone Weil oder das Christentum der Zukunft» aus dem Jahr 1953 entnommen,[1] deutet an, weshalb man sich auch heute noch mit Leben und Werk Simone Weils beschäftigen kann. Simone Weil fasziniert und irritiert, ruft Widerspruch und Zustimmung hervor. Zum einen wird sie zur nicht kanonisierten Heiligen der Moderne getauft, die ein exemplarisches Zeugnis christlichen Lebens gegeben habe, das Handeln und Denken vereint: «Zu den Heiligen dieses Jahrhunderts wird man vielleicht einmal die französische Jüdin Simone Weil zählen, obwohl sie eher bereit war, ‹für die Kirche zu sterben als in sie einzutreten.› Sie hat niemals den geringsten Unterschied gelten lassen zwischen Denken und Handeln.»[2] Zum anderen ist das Interesse an dieser Person das Interesse an einem Mythos, wobei immer wieder kräftig an der ‹Legende Weil› gewoben werde.[3]

Simone Weil hatte mehrere Rollen: Tochter aus jüdischem Großbürgertum, Studentin, Lehrerin der Philosophie, Fabrikarbeiterin, Gewerkschaftlerin, Landarbeiterin, politisch engagierte Bürgerin, Kombattantin im spanischen Bürgerkrieg, Mystikerin, Leserin heiliger Schriften der großen Weltreligio-

---

[1]   Reinhold Schneider: Manuskript «Simone Weil oder das Christentum der Zukunft» (Sendereihe Nachtstudio: Südwestfunk, Baden-Baden), S. 8f. (gesendet am 16. Januar 1953, 22.30–23.00 Uhr).

[2]   Dorothee Sölle: Leiden. Freiburg i. Br. 1993, S. 186.

[3]   Vgl. Jean Améry: Simone Weil – jenseits der Legende. In: Merkur 33 (1979), S. 80–86.

nen, ungetaufte Christin. Simone Weil kannte in ihrem Leben mehrere Phasen, die aber alle miteinander vernetzt sind und sich gegenseitig bedingen. Es gibt keine Zäsur, so dass man zwischen einer ersten, zweiten, dritten Phase des Werkes im Sinne eines radikalen Neuanfanges zu unterscheiden hätte.

Weil als Schülerin Platons stellt sich von Anfang an in ihren Schriften die Frage nach der Transzendenz, selbst wenn es zunächst in der Form der Negation geschieht. Zentrale Themen ihrer Philosophie wie Unglück, Schönheit, ‹décréation/ Entschaffung› nähern sich Themen christlicher Theologie. Weil möchte keine Theologin sein, stellt sich jedoch als Denkerin den Fragen der Religionsphilosophie. Durch die tiefgreifenden und existenziellen Einbrüche in ihrer spirituellen Biographie gewinnen diese immer mehr an Bedeutung.

Es gibt eine große Sekundärliteratur zum Œuvre der französischen Philosophin. Weshalb also ein weiteres Buch hinzufügen? In dieser Einleitung soll in aller Offenheit zunächst gesagt werden, was diese Schrift nicht sein möchte:

- keine Biographie.[4] Es gibt ausreichend Literatur zu ihrer Person. Dennoch muss auch in dieser Schrift immer wieder auf das Leben Weils zurückgegangen werden. In einer exemplarischen Weise gehören bei ihr – hierin vielleicht Simone de Beauvoir und Hannah Arendt verwandt – Leben und Werk zusammen.

- keine Monographie. Wichtige und zentrale Themen des Werkes werden in einer international ausgerichteten Sekundärliteratur ausführlich behandelt. Theologie, Literaturwissenschaft, Soziologie, Psychologie und Philosophie setzen sich unter unterschiedlichsten Gesichtspunkten mit dem Werk Weils auseinander. Gleichwohl wird in dieser Schrift auf die Erkenntnisse der Sekundärliteratur zurückgegriffen werden.

[4] Neuerdings liegt die große Biographie von Simone Pétrement in deutscher Übersetzung vor: Simone Pétrement: Simone Weil – Ein Leben. Leipzig 2007.

- keine geistliche Literatur zu Simone Weil. Neben der wissenschaftlich reflexiven Behandlung des Werkes der französischen Philosophin gibt es eine große Anzahl von Publikationen, die sich dem Leben und Werk dieser beeindruckenden Frau in einer spirituellen Absicht nähern. In diesem Zugang liegt ein guter Teil der Faszination, die von dieser Frau und ihrer Gedankenwelt ausgeht. Die spirituellen Tiefenschichten der Gedanken Simone Weils werden auch in der vorliegenden Darstellung der «theologischen Splitter» kontinuierlich herausgestellt.

- keine theologische Zweckentfremdung ihrer Gedanken. In manchen Arbeiten zu Simone Weil wird ihre Gedankenwelt entweder apologetisch abgewehrt oder als Folie zur Darstellung eigener theologischer Gedanken gebraucht/ missbraucht.

Das Werk Simone Weils soll in dieser Arbeit einzig unter einem religionsphilosophischen Interesse behandelt werden. Mit anderen Worten: Es geht um eine Darstellung dessen, was Simone Weil als religionsphilosophische Überlegungen zu Themen des christlichen Glaubens reflektiert und als Möglichkeit in Betracht zieht, wie der Glaube unter den Bedingungen der (Post-)Moderne legitimiert werden kann. Die «transzendentale Obdachlosigkeit» (Georg Lukács)[5] des modernen Menschen bewirkt, aus einer anderen Perspektive nach den Gegebenheiten der Religion zu fragen als der in seinem Glauben verwurzelte Mensch seinen Glauben reflektiert.

Die hier vorgelegte Lektüre der Arbeiten Simone Weils verfolgt nicht das Ziel, die Anregungen und Impulse Weils für eine christliche Theologie fruchtbar zu machen – dies geschieht oft, und nicht selten geraten dann wichtige Aspekte ihres Werkes außer Acht. Simone Weils Werk wird in solchen Arbeiten korrigiert, weitergedacht und ähnliches mehr. Das

[5]   Georg Lukács: Theorie des Romans (1916); Neudruck: Darmstadt/Neuwied 1971, S. 32.

Unterfangen der vorliegenden Schrift ist einfacher Natur. Es soll, in Grundzügen, das gesamte Werk der Philosophin auf ihre eigenständige religionsphilosophische Thematik hin gelesen und gedeutet werden. In dieser Abhandlung soll die Darstellung der ‹theologischen Splitter› ihres Ansatzes (im Französischen spricht man von einer ‹théologie weilienne›) einem deutschsprachigen Publikum vorgestellt werden. Was die Leserschaft mit den Impulsen anfangen mag, bleibt dem kreativen Leseakt der Einzelnen selbst überlassen.

Das Interesse an einer solchen Theologie à la Weil ist ein Doppeltes. Einerseits bedenkt Weil die klassischen Themen christlicher Theologie radikal, d.h. von der Wurzel her, also unter den Bedingungen der Moderne. Erfahrungen wie das Phänomen der Entfremdung bei der Arbeit, Gottesvergessenheit und Gottesnacht, Atheismus und radikaler Humanismus bilden den Kontext für jene Ideen und Gedanken, die Weil über den christlichen Glauben anstellt.

Die Rede und die Erfahrung der Abwesenheit Gottes gehören zum intellektuellen Gepäck des modernen Menschen. Formulierte der Denker Jean Paul in seiner Schrift «Rede des toten Christus vom Weltgebäude herab, dass kein Gott sei» einen theoretischen Atheismus, so wurde die Gottesfrage im 20. Jahrhundert durch die beiden letzten Weltkriege, Shoah und totalitäre Regime auf der ganzen Welt nochmals radikalisiert.

Anderseits liegt das Interesse der Philosophin, dies kommt heute immer mehr in den Blick, an einer Wahrnehmung des Christlichen unter Herbeiziehen außer- und nichtchristlicher Traditionen. Die interreligiöse und transkulturelle Aufgabe, die sich dem religiösen Denken heute in einer neuen Weise stellt, wurde bereits in ihrem Werk eingehend behandelt.

Die ‹theologischen Splitter› Simone Weils stehen zum heutigen Mainstream christlicher Theologie in vielem quer. Sind christliche Theologien heute stärker historisch, bibeltheologisch/exegetisch oder pastoraltheologisch/empirisch ausgerichtet, so findet sich bei Simone Weil eine rein systematische Erörterung der Themen christlicher Theologie.

Die Beschäftigung mit der ‹théologie weilienne› ist aus einem weiteren aktuellen Aspekt interessant. Seit einiger Zeit geistert durch die geistes-, ideengeschichtliche, soziologische und theologische Debatte der Begriff der ‹Wiederkehr der Religion›. Religion ist ein ambivalenter Begriff.[6] Religiöse Glaubensformen und Sprachmuster erweisen durch viele Transformationen in der modernen Gesellschaft erstaunliches Beharrungsvermögen. Die Religion ist Teil komplexer Wandlungsprozesse von Kulturen und Mentalitäten.[7] Subjektive religiöse Praxis und gelebter Glaube sind keine notwendigen Bedingungen, um Religion verstehen zu können. «Die theoretisch anspruchsvolle Aufgabe, Religion zu deuten,» so formuliert Friedrich Wilhelm Graf, «setzt aber mehr als nur elementare Religionsbildung und religionsanalytische Unterscheidungsfähigkeit voraus. Gefordert ist auch die Kompetenz, soweit theoretisch überhaupt möglich, Binnenperspektiven religiösen Bewusstseins nachzuvollziehen. Dazu muss man bereit sein, sich auch auf die Nachtseiten der Vernunft zu begeben und die eigene Deutungskraft von Mythen, Symbolen und Riten zu erschließen suchen.»[8]

Religion kann unter vielerlei Aspekten betrachtet werden. Humanwissenschaften sprechen von der Religion als einem anthropologischen Faktum, das bestimmte Bedürfnisse des Menschen befriedigt oder gewisse Interessen des Individuums oder der Gesellschaft bedient. Neuerdings wenden sich die Evolutionsbiologie, die evolutionäre Erkenntnistheorie und die Soziobiologie dem Phänomen der Religion zu, das sie im Rahmen einer evolutionären Kulturtheorie als ein Kulturphänomen sui generis betrachten. D. C. Dennett versteht beispielsweise Religion als ein System von Überzeugungen und Praktiken, die als ‹natürliche Phänomene› (im Sinne des neo-

---

[6] Siehe dazu etwa: Uwe Justus Wenzel: Was ist eine gute Religion? München 2007; Norbert Bolz: Das Wissen der Religion. Betrachtungen eines religiös Unmusikalischen. München 2008.

[7] So Friedrich Wilhelm Graf: Die Wiederkehr der Götter. Religion in der modernen Kultur. München: Beck, 2004.

[8] AaO, S. 17.

darwinistischen Naturalismus) gedeutet und interpretiert werden.[9] Der eigenständige religionsphilosophische Ansatz der Frage nach der Transzendenz und nach Gott gerät in der aktuellen Debatte um Begriff, Bedeutung und Sinn von Religion immer mehr in Bedrängnis oder gar außer Acht.

Die religionsphilosophischen Reflexionen Weils können innerhalb der Religionsdebatte zu einer begrifflichen Klärung des Phänomens der Religion beitragen. Simone Weils Arbeiten kreisen um die alte Frage nach Gott. Wie kann der Mensch von Gott reden und/oder ihn erfahren? Diese alte Frage der klassischen Religionsphilosophie und Theologie hat aber in der Neuzeit radikale Umbrüche erfahren. Die Themenstellungen der Schultheologie und -philosophie sind weitgehend verschwunden. Zu Recht notiert W. J. Houten, dass die Ordnung der Dinge im Blick auf die Gottesfrage uns heute entfallen ist. Gott wurde ersetzt durch Teilchen und Kräfte, Chiffren und Regeln, Disziplinen und Systeme.[10] Wie also heute noch von Gott und der Welt reden? Simone Weil erörtert, je länger ihre Reflexion andauert, diese Frage nach der Rede von Gott und der Welt. Wie ist angesichts des Schweigens Gottes noch die Rede von Gott möglich? Wie können in einer gott-losen Welt Gottes Spuren erahnt oder gelesen werden? Wie verhält sich die Frage nach dem einen Gott zum Phänomen der vielen Religionen? Fragen, die heute aktueller denn je sind, werden bei Simone Weil bereits mit bedacht. Sie, die abseits der großen Schulen und Traditionen ihr Werk vorantrieb, gibt für eine religionsphilosophische Fragestellung auch heute noch zu denken!

Simone Weil verortet ihre Reflexionen zu Gott und Welt in einem anthropologischen Zugang. Von Gott zu reden, heißt für sie vom Menschen zu reden. «Der Gegenstand meiner Suche ist nicht das Übernatürliche, sondern diese Welt. Das Übernatürliche ist das Licht. Man darf es nicht wagen,

---

[9] Vgl. Daniel C. Dennett: Breaking the Spell. Religion as a Natural Phenomenon. London 2006.

[10] Vgl. Anton W. J. Houtepen: Gott – eine offene Frage. Gott denken in einer Zeit der Gottvergessenheit. Gütersloh 1999.

einen Gegenstand aus ihm zu machen, sonst erniedrigt man es.»[11]

Die hier vorgelegten ‹theologischen Splitter› liefern in kleinen Strichen die Grundzüge der religionsphilosophischen Gedanken Weils. Laden diese zu einer neuen Leseart von Altbekanntem ein und verhelfen zu Neuentdeckungen in religionsphilosophischen und theologischen Themen, dann hat diese Schrift ihr Ziel mehr als erreicht.

[11] Weil: Aufzeichnungen II, 49.

Eine lebensgeschichtliche Skizze

Jugend- und Studienzeit

Simone Weil kommt am 3. Februar 1909 als zweites Kind von Dr. Bernhard Weil und seiner Frau Selma, geborene Reinherz, in Paris zur Welt. Ihr Bruder André ist um drei Jahre älter. Die Eltern sind assimilierte Juden des französischen Großbürgertums. Die Familie des Vaters stammt aus dem Elsass, die Eltern der Mutter stammen aus Galizien. Während die mütterliche Seite ihren jüdischen Glauben seit zwei Generationen nicht mehr praktiziert, bleibt vor allem die Mutter Bernhard Weils eine streng praktizierende Jüdin. Die Eltern Simone Weils sind Agnostiker. Die rudimentären Kenntnisse der jüdischen Religion, wie sie Simone Weil in ihrer Jugend und Studienzeit kennenlernte, wurden ihr von ihrer Großmutter vermittelt.

Exkurs: Die Jüdin Simone Weil

Simone Weil legt auf ihre jüdischen Wurzeln keinen Wert. Im Hause der Eltern – assimilierten Juden in Frankreich – war weder das Judentum noch dessen religiöse Praxis ein Thema. Simone Weil setzte sich nie intensiv mit ihrer kulturellen und religiösen Herkunft auseinander. Sie benutzt teilweise sogar eine Sprache, die antijudaistisch ist, wenn sie schreibt: «Die Juden handelten in der Logik ihrer eigenen Tradition als sie Christus kreuzigten.»[12]. Diese Zitation stammt aus einem Text, der erst 1942 verfasst wurde, in einer Zeit also, als die Vernichtungsprogramme der Nazis dem jüdischen Volk gegenüber auf Hochtouren liefen. Auch in ihren Artikeln, die über den Aufstieg des Nationalsozialismus in Deutschland berichten, erwähnt sie mit keinem Wort die antijüdische Propaganda der Nationalsozialisten. Sie zeigt keinerlei Sensibilität für

---

[12] Weil: Pensées, S. 51.

14

das Leid der jüdischen Bevölkerung Europas. In ihrer journalistischen wie schriftstellerischen Arbeit schweigt sie zur Thematik der Shoah. Die Schriften der jüdischen Bibel liest sie selektiv, kontinuierlich kehrt die Beschäftigung mit der biblischen Gestalt Hiobs aus dem gleichnamigen Buch wieder.[13] In der Regel umgeht sie die jüdischen Wurzeln des christlichen Glaubens und spricht von einem hellenistischen Christentum. An einer einzigen Stelle, in einem Brief an Pater Perrin, erwähnt sie ihre jüdische Herkunft in einem positiven Sinne:

«Ich fühlte, dass ich meine Empfindungen bezüglich der nicht-christlichen Religionen und bezüglich Israels nicht aufgeben konnte.»[14]

Martin Buber und Emmanuel Levinas kritisieren den selektiven Umgang Weils mit der jüdischen Bibel. In der Sekundärliteratur wird die ablehnende Haltung dem Judentum gegenüber als Minderwertigkeitsgefühl, als Selbsthass oder als Verleugnung interpretiert. Für Emmanuel Levinas besitzt Simone Weil eine «grundlegende Blindheit»[15] dem biblischen Judentum gegenüber, gleichwohl bezeugt er der französischen Denkerin eine intellektuelle und geistliche Weite. «Simone Weils Intelligenz, von der nicht nur ihre, sämtlich posthumen Schriften Zeugnis ablegen, kam nur ihre Seelengröße gleich. Sie hat gelebt wie eine Heilige und von allen Leiden der Welt betroffen.»[16]

Das komplexe Beziehungsgefüge Judentum und Simone Weil wird in der Sekundärliteratur kontrovers behandelt und kann zur Stunde keiner endgültigen Lösung zugeführt wer-

---

[13] Vgl. dazu: Bemerkungen und Unterstreichungen von Simone Weil im Hiob-Buch. In: Wolfgang W. Müller (Hrsg.): Simone Weil und die religiöse Frage (Schriften Ökumenisches Institut Luzern, 5). Zürich 2007, S. 197–200.

[14] Weil: Zeugnis für das Gute, S. 108.

[15] Emmanuel Levinas: Simone Weil gegen die Bibel. In: Akzente 45 (1998), S. 331–340: S. 332.

[16] AaO, S. 331.

den. Es gilt aber zu beachten, dass sie trotz ihrer intellektuellen Ablehnung der jüdischen Tradition und der jüdischen Theologie zentrale Motive jüdischen Denkens übernommen hat. Als jüdische Motive, die in ihrem Denken Eingang finden, seien nur kurz erwähnt: negative Theologie, Bilderverbot, Namenlosigkeit Gottes, Thema der Heimatlosigkeit.

Man pflegt im Hause Weil eine großbürgerliche Familienkultur, die Bande zwischen den einzelnen Mitgliedern sind stark und herzlich. Zeitlebens wird Simone Weil mit ihrem Bruder André verbunden bleiben, dem sie in ihrer Kindheit, wegen seiner großen mathematischen Begabung, nacheiferte. (Er wird in seiner amerikanischen Zeit ein bekannter Mathematikprofessor werden.) Über ihre Kindheit berichtet Simone Weil wenig. Einige Anekdoten, die ihre Biographin Simone Pétrement in ihrem Buch schildert, weisen auf einen bereits früh vorhandenen Gerechtigkeitssinn hin.[17] Während ihrer Pubertät kannte das sensible Mädchen Simone Selbstmordabsichten, da sie sich hoffnungslos vom transzendenten Reich ausgeschlossen fühlte, zu dem nur große Menschen Zutritt hätten.

Die Tochter des Mediziners Bernhard Weil und seiner Frau Selma besucht die elitären Bildungsinstitutionen in Paris. Sie nimmt im Oktober 1925 am renommierten Lycée Henri IV. ihre Studien auf, um die Aufnahme in die Ecole Normale vorzubereiten. Studierende ihres Jahrgangs wie Simone de Beauvoir, Maurice Schumann werden später aktiv das kulturelle und gesellschaftliche Leben Frankreichs mitgestalten.

Im Lycée Henry IV. wird sie Schülerin des Philosophen Alain, der sehr früh ihre philosophische Begabung erkennt und fördert.[18] Alain, ein klassischer Repräsentant cartesiani-

---

[17] Vgl. Simone Pétrement: Simone Weil – Ein Leben. Leipzig 2007, S. 13–45.
[18] Emile Auguste Chartier (1868–1951), als Philosoph unter dem Pseudonym Alain bekannt, übte zu seiner Zeit auf die französische Philosophie einen großen Einfluss aus. Sein Unterricht, der als vorbildlich und engagiert galt, zog viele Studenten an. Er in-

scher Philosophie, vertritt eine agnostische Geisteshaltung. Auf Grund seiner Einstellung fördert er in seinem Schülerkreis einen rationalistischen Denkstil. Das philosophische Denken Alains führt Simone Weil in die Philosophie Platons und Kants ein. Alain stellt seiner Meisterschülerin zum Ende der Studien ein glänzendes Zeugnis aus, attestiert ihr eine umfassende Bildung und eine seltene Geisteskraft; er sagt ihr eine steile Karriere voraus.[19]

Der Besuch der Ecole Normale Supérieure als weiterer Ausbildungsstätte verspricht eine großartige Karriere im akademischen Leben Frankreichs. Nach ihrem hervorragenden Studienabschluss stehen Weil alle Türen für eine wissenschaftliche Karriere offen. Sie wählt jedoch einen anderen Weg und wird in einer kleinen französischen Provinzstadt, Le Puy in Zentralfrankreich, Philosophielehrerin, wo sie sich besonders für die Ausbildung der Mädchen und der Arbeiterjugend einsetzen wird. Ihr Unterricht, den sie «mit einem pädagogischen Genie, das ihrem Unterricht die Lebendigkeit einer Schöpfung verlieh»[20], zu gestalten wusste, wurde von den Schülerinnen sehr geschätzt, Schulleitung und Kollegen waren dieser Pädagogik gegenüber eher reserviert. So schreibt der Schulleiter nach einer Visitation einer Unterrichtsstunde bei Simone Weil:

> «Ein zweifellos vornehmer Geist, aber als Lehrerin keinen Sinn für Pädagogik. Äußerst zusammenhanglose Unterrichtsstunde, in

terpretierte frei und eigenständig die großen Denker Platon, Descartes, Kant, Hegel. Als überzeugter Republikaner war er Verteidiger der Republik gegen die klerikale Opposition. Als überzeugter Pazifist verteidigte er die bürgerlichen Freiheiten gegen totalitäre Ansprüche. Simone Weil, seine beste Schülerin, verdankt ihm ihre Liebe zur scharfen Analyse, die Neigung zur Ablehnung von Autoritäten und die Ansicht vom Primat des Geistigen. Siehe zum Verhältnis Alain/Weil: Simone Pétrement: Simone Weil – Ein Leben. Leipzig 2007, S. 53–63.

[19] Vgl. aaO, S. 66f.

[20] Weil, Schwerkraft und Gnade: Nachwort, S. 244 (Ausgabe von 1981).

der sie die Ideen, die sich bei Platon, Descartes, Spinoza, Kant, Hegel finden [...] nacheinander abgehandelt hat ohne jeden Plan und ohne jede Schlussfolgerung. [...] Das Denken verzettelt sich dabei ständig. [...] Ihre Schülerinnen [...] strengen sich an, Mitschriften von Dingen zu machen, von denen sie nichts begreifen. Da Mlle Weil sich an kein Programm hält, ist zu befürchten, dass die Philosophieklasse nach und nach ihre Schülerinnen verliert.»[21]

Wie bei vielen Intellektuellen der Vorkriegsgeneration üben Sozialismus und Kommunismus eine ungeheure Faszination auf sie aus. Fragen des Glaubens, Zugehörigkeit zu einer religiösen Gemeinschaft gelten als überholt und anachronistisch. Das erste soziale Engagement Simone Weils besteht in der Zusammenarbeit von Intellektuellen und der Arbeiterschaft. Seit dem Jahr 1931 schreibt sie Artikel in der Zeitschrift «La Révolution prolétarienne» und deklariert sich als Kommunistin. Diese Zeitschrift geht in Opposition zur Politik Stalins in der Sowjetunion und versteht sich als Refugium wahrer Revolutionäre, die sich gegen den damaligen Mainstream der kommunistischen Parteien Europas wenden. Im Dezember 1931 beteiligt sich Simone Weil an einem Arbeiterstreik, was den bürgerlichen Kreisen in Le Puy missfällt. Ihr gewerkschaftliches Engagement bringt sie in Schwierigkeiten mit der Schulleitung. Sie wird nach Auxerre strafversetzt, lässt aber nicht ab von ihrem politischen Engagement. Sie vertritt revolutionäre und pazifistische Ideale, die sie mit dem offiziellen Sowjetkommunismus brechen lassen. Aus dieser Zeit stammen ihre Kontakte zu Boris Souvarine und Lanza del Vasto. Boris Souvarine, ein militanter Kommunist und überzeugter Gegner der Politik Stalins, kann Simone Weil als Mitarbeiterin seiner Zeitschrift «Critique sociale» gewinnen. Mit Lanza del Vasto, einem überzeugten Pazifisten, religiösen Anarchisten und Anhänger der gewaltlosen Politik Mahatma Gandhis sowie Gründer der interreligiösen Lebensgemein-

[21] Simone Pétrement: Simone Weil – Ein Leben, Leipzig 2007, S. 237.

schaft «Arche», diskutiert Weil jahrelang über Gewalt und Gewaltlosigkeit in der Politik.

Die Lehrerin

Die dreißiger Jahre des 20. Jahrhunderts sind, nicht nur in Frankreich, politisch eine aufgewühlte Zeit. Simone Weil publiziert in linken Zeitschriften politische Artikel zu aktuellen Themen. Im Jahr 1932 verbringt die junge Lehrerin ihre Ferien in Deutschland und analysiert scharfsichtig in mehreren Artikeln den Aufstieg der nationalsozialistischen Bewegung. Im Januar 1933 findet Hitlers Machtergreifung in Deutschland statt, im Oktober desselben Jahres verlässt Nazideutschland die Abrüstungskonferenz und den Völkerbund. Simone Weil kritisiert auf dem Gewerkschaftskongress die Deutschland-Politik der Sowjetunion und die Politik der kommunistischen Internationalen.[22] Beruflich hat sie an der Schule wieder einen großen Misserfolg, nur drei, vier Schülerinnen ihrer Schulklasse bestehen das Abitur. Wiederum steht eine Versetzung in eine andere Schule an: Ab Herbst wird sie Lehrerin in Roane/Loire. Weil beteiligt sich an einer Demonstration der Gewerkschaften in Saint-Etienne, trägt während der Demonstration die rote Fahne und hält anschließend einen Vortrag. Ende Dezember dieses aufgewühlten Jahres empfängt Simone Weil Leo Trotzki und dessen Frau in ihrem Haus. Zugleich engagiert sich die «vierge rouge», wie sie bereits während ihrer Studienzeit von Professor Bouglé, Direktor der Ecole Normale Supérieure, genannt wird, für Flüchtlinge aus Deutschland und bekommt deswegen Krach mit ihren Genossen. Weils scharfzüngige Analyse und beißende Kritik an der Politik Stalins entfremdet sie den kommunistischen Ideen immer mehr. Die Kritik am Kommunismus entstand, als die Gewerkschaftlerin sich systematisch mit der Theorie von Karl Marx beschäftigte. Sie sah einen Widerspruch zwischen der analytischen Methode und den daraus resultierenden prak-

---

[22] Siehe dazu: Weil: Unterdrückung und Freiheit.

19

tischen Folgerungen. Die analytische Arbeit habe, so Weil, die kapitalistischen Verhältnisse treffend dargestellt: Die Abhängigkeit der Arbeiterklasse vom Produktionsprozess und der damit verbundene Verlust der Selbstbestimmung sowie die Unterordnung des Menschen unter die Maschine seien die Gründe für das Phänomen der Entfremdung, unter der die Arbeiterklasse zu leiden habe. Allerdings stimmt Simone Weil den Schlussfolgerungen dieser Analyse nicht zu, dass die Überwindung dieser Zustände einer revolutionären Überwindung dieses Systems bedürfe, da der Verlust der Selbstbestimmung ein Auflehnen eines Freiheitsbegehrens ausschließe und damit die Möglichkeit der Errichtung einer freien Gesellschaft verhindere. In der kleinen Abhandlung über die «Widersprüche des Marxismus» begründet Simone Weil ihre Abkehr vom Marxismus nicht mit den neueren politischen Ereignissen in Europa, sondern setzt mit ihrer Kritik grundsätzlicher an: «In meinen Augen machen nicht die Ereignisse eine Revision des Marxismus notwendig. Es ist Marxens Doktrin, die, aufgrund der in ihr enthaltenen Mängel und Unstimmigkeiten, stets unterhalb der Rolle war und ist, die sie hätte spielen sollen.»[23]

Simone Weil brandmarkt in ihren Analysen die vorhandenen Ordnungsideologien revolutionärer Mythen. Sie sieht die Marxsche Analyse der Geschichte als eine säkularisierte Form religiösen Heils. In ihren Analysen der Fabrikarbeit stellt sie ebenfalls Reflexionen zur Frage der Entmündigung des Menschen durch den Gebrauch der Technik an.

Simone Weil legt sich mit allen damals herrschenden Ideologien, seien sie bürgerlicher, kommunistischer, sozialistischer oder nationalsozialistischer Couleur, an. Sie geht einen eigenständigen Denk- und Lebensweg, der ohne Vorbilder und Unterstützung realisiert werden muss. In keiner Weise entspricht Leben, Denken und Handeln der jungen Lehrerin dem damaligen Rollenverständnis einer Gymnasiallehrerin.

---

[23] Weil: Unterdrückung und Freiheit, S. 265.

Exkurs: Die Frau Simone Weil

Simone Weil sprengt mit ihrem Lebensstil die klassische Frauenrolle. Sie verzichtet bewusst auf Ehe und Familie, um ihre Bestimmung zu leben. Ihr Lebensentwurf wurde von ihren Eltern gebilligt und mitgetragen. Wie ihr Bruder André erhält Simone eine gute Ausbildung. Die Mutter unterstützt ihre Tochter in ihrer radikalen Selbstverwirklichung. Allerdings stößt Weil auch an Grenzen ihrer Selbstverwirklichung, wenn ihr von Zeitgenossen ein ‹unweibliches Verhalten› attestiert wird.24 Georges Bataille schreibt über sie: «Ihr schmächtiger Körper, in weite, dunkle Kleider männlichen Zuschnitts gehüllt, scheint ohne Geschlecht zu sein.»[25] In der Sekundärliteratur wird ebenfalls die Frage nach der Sexualität Simone Weils gestellt. Nirgendwo berichtet Weil über eine nähere Freundschaft zu einem Mann. Den Verzicht auf Freundschaft und Ehe sehen einige Autoren als eine Blockade des Sexuellen, die biographische Züge trage. Manche prognostizieren eine Magersucht. Es zeigen sich im Leben Simone Weils denn auch äußere Symptome der Magersucht; psychoanalytisch-tiefenpsychologische und psychodynamische Aspekte der Krankheit, die die Entstehungsmechanismen der Erkrankung beispielsweise lebensgeschichtlich erklärten, lassen sich feststellen, können die Krankheit jedoch nicht bestätigen. Die mystischen Aussagen werden als Ausdruck unerfüllter Liebessehnsucht interpretiert.[26]

---

[24] «So sagten die jungen Männer von ihr: ‹Das ist ja ein Mädchen.› Man machte sich über ihren Mangel an Weiblichkeit lustig, ja manchmal wurden sogar Anzüglichkeiten laut.» (Jacques Cabaud: Simone Weil. Freiburg/München 1968, S. 34).

[25] Georges Bataille: La victoire militaire et la banquerote de la morale qui maudit. In: Critique, Sept. 1949, S. 793.

[26] Siehe dazu Karl-Heinz Bauersfeld: Simone Weil und das Problem der Magersucht. In: Imelda Abbt/ Wolfgang W. Müller (Hrsg.): Simone Weil. Ein Leben gibt zu denken. St. Ottilien 1999, S. 171–180.

Andererseits realisiert Simone Weil eine beeindruckende Synthese des Männlichen und des Weiblichen in ihren theoretischen Schriften, ebenso gelingt ihr ein Ausgleich zwischen Rationalität und Gefühl. Die Reflexionen über die Freundschaft in ihrer Aufzeichnung «Das Unglück und die Gottesliebe» (S. 215–225) manifestieren die postulierte Synthese zwischen Männlichem und Weiblichem. Die bildreichen Aussagen in ihrer Schöpfungslehre wie in ihrer Theorie der Schönheit sprechen ebenso eine eindeutige Sprache bezüglich der Bejahung des Sexuellen als einer Urkraft menschlichen Lebens.

In den Schriften Weils findet man keine Anhaltspunkte für eine theoretische Begründung des Feminismus. Gleichwohl tritt sie für die Postulate der Frauenemanzipation ihrer Zeit ein. Ihre Analyse der gesellschaftlichen und politischen Bedingungen der Frauen am Fließband thematisiert klar die Fremdbestimmung der arbeitenden Frauen. Dennoch kann sie nicht vom Feminismus als eine Vorreiterin dieser Postulate vereinnahmt werden.[27]

Simone Weil schreibt, lebt und arbeitet für die Gleichberechtigung der Geschlechter. Dieser Antrieb resultiert jedoch nicht aus einem ideologiekritischen Impuls, sondern speist sich aus ihrer großen Menschenliebe und Barmherzigkeit allen Not leidenden Menschen gegenüber.

Das politische Engagement

Ihr politisches Engagement führt Weil aus dem Schuldienst, d.h. sie bittet im folgenden Jahr, 1934, um einen unbezahlten Urlaub zwecks persönlicher Studien. Im Winter dieses Jahres wird Simone Weil ein neues intellektuelles Engagement beginnen, das für sie eine Wende bedeutet. Sie arbeitet bei der Elektro-Firma Alsthom am Fließband als Hilfsarbeiterin. Die entwürdigenden Arbeitsbedingungen der Arbeiter, Männer

---

[27] Siehe dazu: Œuvres compètes II: Ecrits historiques et politiques. I: L'engagement syndical (1927–1934). Paris 1988.

wie Frauen, möchte sie hautnah erleben. Weil führt über diese Zeit ein Protokoll, das sie im «Journal d'usine» und in der Schrift «Expérience de la vie d'usine» festhalten wird. Simone Pétrement, die Freundin Simone Weils, schreibt über dieses Experiment:

> «Beim Lesen ihres Tagebuchs spürt man das Interesse, das sie den Menschen, allen, allen Menschen, entgegenbrachte. Sie notiert, was sie über das Leben ihrer Kollegen und Kolleginnen in Erfahrung bringen konnte, und beschreibt deren Verhalten für sich selber. Dies gehörte zwar zu der Enquête, die sie über die Lebens- und Arbeitsbedingungen der Arbeiter anstellte, aber offensichtlich schaute sie sich mit klarsichtiger Sympathie und nicht ohne Humor um.»[28]

Die Erfahrung der Entfremdung durch die Fabrikarbeit wird Simone Weil in ihren politischen wie religionsphilosophischen Arbeiten immer wieder aufgreifen. Nach diesem Engagement wird sie wieder Lehrerin am Lycée in Bourges. Hier beginnt sie, sich mit der Gregorianik zu beschäftigen und besucht deswegen häufig die Frühmesse in der dortigen Kathedrale.

Nach Beginn des Bürgerkriegs in Spanien reist Simone Weil 1936 nach Barcelona und hilft den republikanischen Truppen im Kampf gegen das faschistische Francoregime. Trotz ihrer pazifistischen Grundhaltung unterstützt sie die republikanische Seite, da sie die politischen Implikationen dieses Kriegs für den gesamten europäischen Kontinent sehr früh erahnt. So schreibt Simone Weil in einem Brief an Georges Bernanos, dass der Krieg in Spanien kein «Krieg von ausgehungerten Bauern gegen die Grundbesitzer und die mit ihnen verbündete Geistlichkeit war, sondern ein Krieg zwischen Russland, Deutschland und Italien»[29]. Enttäuscht von

---

[28] Simone Pétrement: Simone Weil – Ein Leben. Leipzig 2007, S. 348.

[29] Simone Weil: Brief an Georges Bernanos. In: Charles Jacquier (Hrsg.): Lebenserfahrung und Geistesarbeit. Simone Weil und der Anarchismus. Nettersheim 2006, S. 121–127, 122f.

den wahren Motiven des Bürgerkrieges in Spanien,[30] wurde Simone Weil nach ihrem Unfall von ihren Eltern in Barcelona aus dem Lazarett geholt. Da die Brandwunden sehr schlecht verheilen, bittet Weil um eine erneute Beurlaubung aus dem Schuldienst.

Im Jahr 1937 unternimmt Simone Weil eine Reise nach Italien. In Assisi, der Heimat des heiligen Franziskus, macht sie eine religiöse Erfahrung, die sie für ihren weiteren Lebensweg prägen wird.

Trotz Hunger und ständigem Kopfschmerz arbeitet sie literarisch weiter. Die Kar- und Ostertage verbringt sie in der Benediktinerabtei Solesmes. Hier lernt sie einen jungen Engländer kennen, der sie mit der Dichtung George Herberts (1593–1633), eines Vertreters der sogenannten metaphysischen Dichtung in England, bekannt macht.

Weil, die Hitlers Expansionsdrang in Europa aufmerksam verfolgt, gibt nach dem Einmarsch der Nazitruppen in Prag ihren Pazifismus auf und kämpft aktiv gegen Hitlers Machtstreben in Europa. Auch ihre religionswissenschaftlichen Studien setzt sie fort. In dieser Zeit lernt sie, das Gilgamesch-Epos im Original zu lesen. An ihre Freundin Simone Pétrement schreibt sie: «Zwei Nachmittage lang habe ich Babylonisch betrieben und dabei den Gilgamesch gebüffelt, und ich bin dabei, (an den schönsten Stellen) die Übertragung von Pater Dhorme in eine dem Text gegenüberstehende wortwörtliche Übersetzung umzusetzen.»[31] Wenige Zeit später beginnt sie mit ihrem intensiven Studium des Sanskrit und der Lektüre der Bhagavadgita.

Mit ihren Eltern und ihrem Bruder André verlässt sie nach dem Einmarsch der deutschen Truppen Paris und geht mit

---

[30] «Man zieht als Freiwilliger aus, von Idealen und Opfergeist erfüllt, und tritt unversehens auf einen Krieg, der einem Söldnerkrieg ähnelt, nur mit viel mehr Grausamkeit und weniger Achtung vor dem Gegner.» (Weil: Brief an Georges Bernanos, aaO, S. 125).

[31] Simone Pétrement: Simone Weil – Ein Leben, aaO, S. 501.

den Eltern im Sommer 1940 nach Vichy, wo sie das Drama
«Venise sauvée» schreibt. Gleichzeitig beginnt sie in Vichy mit
ihren Aufzeichnungen, die sie bis kurz vor ihrem Tod im Jahr
1943 fortführen wird. Die Gefahr für Juden wird in Frankreich immer größer, und so findet sie sich bald mit ihren
Eltern und ihrem Bruder, wie viele Flüchtlinge der damaligen
Zeit, in Marseille wieder, um auf eine Überfahrt nach Amerika zu warten. In Marseille arbeitet sie bei den «Cahier du
Sud» mit und macht die Bekanntschaft des blinden Domini-
kanerpaters Jean-Marie Perrin, der im Dominikanerkonvent
in Marseille lebt. Pater Perrin wird in der folgenden Zeit ihr
geistlicher Freund, Berater und spiritueller Begleiter. Immer
wieder betont die französische Denkerein, wie sehr sie die
ungewöhnliche geistige Weite, intellektuelle Redlichkeit und
uneingeschränkte Freundschaft dieses Paters schätzt.[32] Pater
Perrin gegenüber umschreibt sie ihren kulturellen, geistesgeschichtlichen und religiösen Hintergrund mit dem Bild der
drei Wurzeln, die sie zeitlebens begleiteten: Frankreich, Hellenismus und Christentum. Sie schreibt an ihren spirituellen
Begleiter: «Natürlich war ich mir bewusst, dass meine Le-
bensauffassung christlich war. Darum ist es mir niemals in
den Sinn gekommen, ich könnte in das Christentum eintreten. Ich hatte den Eindruck, darin geboren zu sein.»[33]

[32] So schreibt Simone Weil in einem Brief an Pater Perrin: «Ich
habe Ihnen gesagt, dass Sie für mich gleichzeitig so etwas wie ein
Vater und wie ein Bruder sind. Aber diese Worte drücken doch
nur eine Analogie aus. Vielleicht entsprechen sie im Grunde nur
einem Gefühl der Zuneigung, der Dankbarkeit und der Bewun-
derung.» (Weil: Zeugnis für das Gute, S. 115), oder, am Ende
eines andern Briefs: «Ich kann Sie nur abermals meiner kindlich
ergebenen Dankbarkeit und meiner grenzenlosen Freundschaft
versichern.» (aaO, S. 137f.).
[33] Weil: Zeugnis für das Gute, S. 108.

Marseille

Im Dominikanerkonvent zu Marseille findet sich eine kleine Gruppe zusammen, die die Vorträge und Diskussionen von Simone Weil besucht und sie begleitet. Hier entstehen ihre Schriften zur Frage einer vorchristlichen Schau der christlichen Offenbarung, ihre religionsphilosophischen Studien zu den Pythagoreern und weitere Arbeiten zu Platon. Zugleich beschäftigt sie sich intensiv mit der Kultur des Languedoc. Sie lernt den Dichter Joë Bousquet in Carcassone kennen. Mit ihm unterhält sie sich über politische und religiöse Fragen, aber auch über ihre spirituelle Entwicklung.

Ihre religiöse Suche geht weiter, zwischen Januar und Mai 1942 schreibt Simone Weil Briefe geistlichen Inhalts an Pater Perrin, die posthum in der Schrift «Attente de Dieu» veröffentlicht werden sollen. Auf Vermittlung Pater Perrins lernt Simone Weil den Philosophen Gustave Thibon kennen. Pater Perrin schreibt an den Philosophen, er kenne «ein israelisches Mädchen, Dozentin für Philosophie und linksradikale Militantin, die, durch die neuen Gesetze von der Hochschule ausgeschlossen, gerne einige Zeit als Bauernmagd auf dem Lande arbeiten möchte», und fügt dem Wunsch hinzu: «ein derartiges Experiment bedürfte meines Erachtens der Aufsicht und Lenkung, und ich wäre glücklich, wenn Sie dieses Mädchen zu sich nehmen könnten»[34].

Nach reiflicher Überlegung stimmt Thibon dem Plan zu. Mit Gustave Thibon diskutiert Simone Weil abends, neben der gemeinsamen Arbeit in den Weinbergen, über Gott und die Welt, über Vernunft und Glaube und erläutert ihm Texte Platons. Mit gleicher Verve hilft sie im Dorf, einem intellektuell zurückgebliebenen Knaben die Anfänge des Rechnens beizubringen. Nach dem schweren Arbeiten im Weinberg schreibt sie nachts, wie zu Zeiten ihrer Fabrikarbeit, ihre Aufsätze und Reflexionen nieder.

[34] Weil: Schwerkraft und Gnade. Mit einer Einführung von Gustave Thibon. Ausgabe: München 1954, S. 10.

«Die Landarbeit hat also eine etwas andere Qualität als die Arbeit in der Fabrik. Es geht sicherlich auch darum, die Lebensbedingungen der Landarbeiter am eigenen Leib kennen zu lernen, nicht aber mehr darum, die Ursachen sozialer Missstände und Mittel zu deren Behebung zu erforschen. Der Ertrag dieser Erfahrung ist spiritueller Natur und besteht nicht in der Erkenntnis sozialpolitischer Zusammenhänge.»[35]

Die letzten Jahre

Bevor Simone Weil mit ihren Eltern und ihrem Bruder André, der inzwischen aus dem besetzten Strasbourg geflohen ist, die Reise in die USA antritt, vertraut sie Gustave Thibon alle ihre Aufzeichnungen, die «Cahiers», an. Die Ereignisse in dieser Zeit sind dicht gedrängt!

Im Mai 1942 verlassen sie Marseille in Richtung Algerien. Nach Zwischenstationen in Oran und Casablanca können sich die Weils am 7. Juni in Lissabon einschiffen und erreichen am 6. Juli New York. Die Eltern und den Bruder in Amerika in Sicherheit wissend, kehrt Simone Weil im Winter 1942 jedoch wieder nach Europa zurück.

Sie arbeitet in London für den Rundfunksender «La France libre» und vollendet wichtige Teile ihrer Aufzeichnungen («Les carnets de Londres/Londoner Notizbuch»). Sie möchte sich der Widerstandsbewegung um Charles de Gaule anschließen und schmiedet den Plan, als Frontkrankenschwester an der Anti-Nazifront Deutschlands teilzunehmen.

Der General nennt sie «une folle/eine Verrückte», Maurice Schumann bewundert ihr Engagement und ihre vorbildliche Authentizität in ihrem Engagement und knüpft Kontakte zu ihr. Ende September teilt er ihr mit, dass sie nach London reisen kann und bei der französischen Exilregierung mitarbeiten darf.

---

[35] Dorothee Beyer: Simone Weil: Philosophin – Gewerkschafterin – Mystikerin. Mainz 1994, S. 116.

Die Frage des christlichen Glaubens wird immer dringender. Dem Dominikanerpater Couturier, den sie durch die Vermittlung Jacques Maritains in New York kennengelernt hatte, schreibt sie ihren berühmten Brief «Lettre à un religieux/Brief an einen Ordensmann», in dem sie sich den Fragen des Glaubens in aller Redlichkeit stellt, aber auch ihre Vorbehalte gegenüber der Kirche als Institution äußert.[36] Dieser Brief, der an Pater Couturier adressiert ist, versteht sich als an alle gerichtet, die in der katholischen Kirche ein Amt innehaben.

In Großbritannien arbeitet Weil an der umfangreichen Schrift «L'enracinement/Einwurzelung», die als politisches Programm für ein befreites Frankreich geschrieben wird. Diese letzte Schrift fasst die religionsphilosophischen und sozialen Gedanken Simone Weils zusammen.

Hunger und Kopfschmerzen prägen immer mehr ihren Alltag. In Solidarität mit dem besetzten Frankreich nimmt sie nur die vorgeschriebene Mindestration an Essen zu sich. Am 15. April 1943 wird sie in eine Klinik eingeliefert. Ihr Zustand verschlechtert sich zusehends, so dass man sie ins Sanatorium in Ashford in der Grafschaft Kent verlegt. Bis zuletzt verschweigt sie in ihren Briefen an die Eltern in den USA ihre schwere Krankheit.

Ein Priester, den man in London verständigt hatte, war durch einen Bombenangriff auf den Großraum London verwirrt, nahm einen falschen Zug und konnte so nicht zu Simone Weil kommen. Sie stirbt am 24. August 1943 an Tuberkulose. Als Todesursache wird auf den offiziellen Totenschein «Versagen des Herzens infolge Herzmuskelschwäche, verursacht durch Hunger und Lungentuberkulose» vermerkt.

[36] Simone Weil: Lettre à un religieux. Paris 1951; in Auszügen in deutscher Übersetzung: Entscheidung zur Distanz. Fragen an die Kirche. München 1988. Neuerdings liegen auch die Schriften der Marseiller Zeit in der Gesamtausgabe vor: Ecrits de Marseille. Volume I (1940–1942): Philosophie, science, religion, questions politiques. Présentés et annotés par Robert Chevanier. Paris 2008.

Exkurs: Zur Frage der Taufe von Simone Weil

«Wenn ich den Katechismus des Konzils von Trient lese, habe ich den Eindruck, mit der Religion, die dort dargelegt wird, nichts gemein zu haben. Wenn ich das Neue Testament, die Mystiker, die Texte der Liturgie lese, so fühle ich mit einer Art Gewissheit, dass dieser Glaube der meine ist, oder genauer, der meine wäre ohne den Abstand, der zwischen ihm und mir aus meiner Unvollkommenheit entsteht.»[37]

Der «Brief an einen Ordensmann», aus dem das erwähnte Zitat stammt, ist ein literarisches Zeugnis dieser existentiellen Suche, den Sinn der Taufe zu verstehen. Simone Weil befindet sich an der Schwelle zur Kirche. Obwohl sie außerhalb der rechtlich verfassten Kirche steht, kann sie schreiben: «Ich habe immer als einzig mögliche Einstellung die christliche Einstellung angenommen. Ich bin sozusagen im christlichen Sinn geboren, aufgewachsen und immer darin verblieben.»[38]

Simone Weil nähert sich in ihren letzten Lebensjahren immer mehr dem christlichen Glauben und fragt sich, ob sie um die Taufe bitten solle. Mit ihrem geistlichen Begleiter Pater Perrin, den sie während ihrer Zeit in Marseille regelmäßig im Dominikanerkonvent für geistliche Gespräche aufsucht, wird die Aufnahme in die katholische Kirche theoretisch erörtert. Doch bestand in dieser Frage zwischen beiden eine Differenz, wie Simone Weil in einem Brief an Pater Perrin feststellt.

«Sie haben mir wehgetan, als Sie mir schrieben, der Tag meiner Taufe würde für Sie eine große Freude sein. Nachdem ich soviel von Ihnen empfangen, liegt es also in meiner Macht, Ihnen eine Freude zu bereiten; und dennoch kommt mir auch nicht eine Sekunde lang der Gedanke, es zu tun.»[39]

Ihr Leben versteht sie als ein christliches, dem der Kontakt mit dem Dominikanerpater nichts habe hinzufügen müssen.

---

[37] Weil: Entscheidung zur Distanz, S. 7.
[38] Weil: Zeugnis für das Gute, S. 101.
[39] AaO, S. 124.

Ihre radikale Kritik an der Kirche als Institution lässt Simone Weil jedoch an der Schwelle der Kirche stehen und bewusst auf die Taufe verzichten.

Pater Perrin respektiert die intellektuelle Hemmung Simone Weils, der Kirche beizutreten. Den Grund ihres Leidens an der Kirche sah Weil in der Enge und Selbstbeschränkung dieser Institution. Einen weiteren gewichtigen Grund, der Kirche nicht beizutreten, findet sie in dem Satz «Anathema sit», wie die kirchliche Verurteilung gegenüber Andersdenkenden in langer Tradition formuliert wurde.

> «Obwohl ich nun außerhalb der Kirche, oder genauer gesprochen, auf der Schwelle der Kirche stehe, kann ich mich nicht gegen den Eindruck wehren, dass ich trotzdem drinnen bin. Niemand steht mir näher als jene, die drinnen sind.»[40]

In ihrem existentiellen Ringen um ihre Taufe versteht Weil ihr Auf-der-Schwelle-Stehen als Gottes Wille, den sie unbedingt zu respektieren habe. «Immer bin ich an genau dieser Stelle geblieben, auf der Schwelle der Kirche, ohne mich zu rühren, unbeweglich.»[41]

Jüdin durch Geburt – Christin aus Überzeugung, damit können die religiösen Eckdaten der geistlichen Biographie Weils umschrieben werden.[42] In neuerer Zeit wird die These vertreten, dass Simone Weil am Todesbett nach der Taufe verlangt habe. Da kein Priester anwesend war, habe die Freundin, die bei ihr wachte, eine Nottaufe vollzogen.[43] Ob

---

[40]   Jean Marie Perrin/Gustave Thibon: Wir kannten Simone Weil. Paderborn 1954, S. 78.

[41]   Weil: Zeugnis für das Gute, S. 118.

[42]   Sophia Karwath: Jüdin durch Geburt – Christin aus Überzeugung. Eine Grundkategorie der Religion bei Simone Weil: Die Schwelle. Bern/Frankfurt/M. 2001.

[43]   Eine Taufe kurz vor dem Tod nehmen an: Georges Hourdin: Simone Weil. Paris 1989, S. 230); Josef Kuhlmann: Neues über Simone Weil. In: Geist und Leben 63 (1990), S. 39–42; vgl. zum gesamten Themenkomplex einer möglichen Taufe Simone Weils:

Simone Weil am Ende ihres Lebens die Taufe empfangen hat, kann (und muss) wohl für immer offen bleiben, da darüber weder mündliche noch schriftliche Zeugnisse aus erster Hand vorliegen.

In einem der letzten Briefe, auf den 18. Juli 1943 datiert, einen Monat vor ihrem Tod, schreibt Simone an ihre Eltern etwas, was als ‹Summe› ihrer religiösen Erfahrung gelten kann: «Dass das geistliche Gut, das sie (oder er) ersehnt, ihr/ihm eines Tages in authentischer Weise geschenkt werde.»[44] Diese authentische Art und Weise kann der Mensch nach Simone Weil finden, wenn er sich in Gehorsam der Notwendigkeit ausliefert und dadurch aufmerksam wird. Ein kurzes, aber intensives Leben, radikal in Stil und Denken, ging zu Ende.

Simone Pétrement: Simone Weil – Ein Leben. Leipzig 2007, S. 707f.

[44] «Que le bien spirituel qu'elle (ou il) désire, lui vienne un jour d'une manière authentique.» Zit. nach: Jean-Marie Perrin: Mon dialogue avec Simone Weil. Paris 1984, S. 152. Übersetzungen französischer Originale stammen, wenn nicht anders vermerkt, vom Autor.

Die Schriften Simone Weils

Simone Weil publiziert viele kulturelle und politische Aufsätze in Zeitungen und wissenschaftlichen Zeitschriften. Ihre Hauptwerke dagegen werden posthum veröffentlicht. Eine einzige Schrift veröffentlicht sie kurz vor ihrem Tod: «L'enracinement/Einwurzelung» ist eine Schrift, die sich mit den Fragen des Wiederaufbaus der französischen Gesellschaft nach der Befreiung von der Okkupation durch Nazideutschland beschäftigt. Die philosophischen Schriften der Anfangszeit, hierin von Alain beeinflusst, befassen sich mit erkenntnistheoretischen Fragen, der Lebenswelt und ihrer Wahrnehmung. Die sozialen und politischen Schriften gehen über diese Themen hinaus und reflektieren die gesellschaftlichen wie historischen Aspekte der Macht und deren Erhalt. Entfremdung, Technik, Friedensthematik sowie Emanzipationen des menschlichen Lebens bilden wichtige Themenschwerpunkte, die immer wieder in den Gedanken Weils auftauchen.

In ihrer Betrachtung der Ilias von Homer stellt sie die Frage nach dem Kräfteverhältnis zwischenmenschlicher Beziehungen und den gesellschaftlichen Mechanismen der Macht. Die Ilias in der Leseart Weils zeigt keine Helden, sondern Menschen, die von der Macht verführt wurden und der Illusion der Macht unterliegen. Gewalt als Extremform der ‹force› zerstört Mensch, Gut und Werte. Die Ilias lebt von einem Idealismus, der eine Sprache der Macht zeigt, die weder resignativ noch glorifizierend klingt, sondern von der Weigerung, der Macht Achtung und Respekt entgegenzubringen, zeugt.

Unsere Autorin liest beständig klassische Literatur, in den «Cahiers» werden immer wieder Klassiker der griechischen, französischen und englischen Literatur zitiert und zum Teil einer eigenständigen Relektüre unterzogen. Bei den Klassikern findet Weil Anhaltspunkte für ihr eigenes Denken. Klassische Dramen wie «Antigone» oder «Elektra» werden immer wieder als Referenzpunkt für die Deutung der menschlichen Existenz herangezogen. Simone Weil schreibt selbst schon sehr früh Gedichte. «Simone», so urteilt Pater Perrin, «hatte eine poetische Begabung ersten Ranges und war darum dem Zauber der Worte und Bilder erstaunlich offen; sie weiß instinktiv, welches der poetisch oder spirituell glückliche und sie bereichernde Zusammenhang ist.»[45] Zum Teil klingen dabei autobiografische Züge an. In dem Gedicht «A une Jeune Fille Riche» entdeckt eine Tochter aus gutem Haus die Welt der Fabrikarbeit. Das Gedicht «Nécessité» kann im Kontext der Theorie Weils über den Gehorsam gelesen werden. Das Streben der Seele, das in dem Gedicht angesprochen wird, meint das Philosophieren. In einer weiteren Betrachtung thematisiert das Gedicht Philosophie als Weisheit des Lebens, verstanden als eine Notwendigkeit des Menschen. Die Tragödie in drei Akten «Venise sauvée» handelt von dem geplanten Komplott der Spanier 1618, die freie Republik Venedig zu unterjochen und kann als Metapher für das menschliche Bestreben verstanden werden, in Freiheit friedvoll miteinander leben zu können.

Das Gedicht «Die Pforte»

Das Gedicht «Die Pforte» spiegelt eine Grundposition menschlicher Existenz wider: die Grenze. Der Mensch steht stets an der Grenze, darin zeigt sich die Verschränkung der Sehnsucht mit Heil und Vollendung. Die Welt des Menschen ist der Raum und die Zeit, in der Leid und die Erfahrung der Gottesverlassenheit herrschen. Die Welt stellt für das menschliche Erkennen Grenze und Durchgang zugleich dar. «Diese Welt ist die geschlossene Pforte. Sie ist eine Schranke und zugleich der Durchgang.»[46]

---

[45] Jean Marie Perrin/Gustave Thibon: Wir kannten Simone Weil. Paderborn 1954, S. 8.

[46] Weil: Aufzeichnungen III, 177. Der Text des Gedichtes «Die Pforte» ist abgedruckt in: dies. Aufzeichnungen I, 367; Weil: Zeugnis für das Gute, S. 9.

Die Pforte

Öffnet uns doch die Pforte, und wir werden die Gärten sehen,
wir werden das kühle Wasser trinken, wo der Mond seine Spur
hinterließ.
Die lange Straße brennt, feierlich gesinnt den Fremden.
Wir irren in Unwissenheit und finden keinen Ort.

Wir wollen Blumen sehen. Hier lastet Durst auf uns.
Im Warten und im Leiden stehen wir vor der Pforte.
Wenn es sein muss, erbrechen wir diese Pforte mit unseren
Schlägen.
Wir drücken und schieben, aber die Schranke ist zu fest.

Uns bleibt nur Sehnen, Warten und vergebliches Schauen.
Wir schauen auf die Pforte; sie ist verschlossen, unüberwindlich.
Wir heften unseren Blick auf sie; wir weinen unter der Qual;
Wir sehen sie ständig; das Gewicht der Zeit lastet auf uns.

Die Pforte ist vor uns; was nützt uns das Wünschen
Besser die Hoffnung aufgeben und gehen
Wir werden niemals eintreten. Wir sind es müde, sie zu sehen.
Als sie sich auftat, ließ die Pforte so große Stille hindurch,

Dass kein Garten erschien und auch keine Blume;
Nur der unendlich Raum aus Leere und Licht
War mit einem Mal vollkommen da, erfüllte das Herz,
Und wusch die Augen, fast erblindet unter dem Staub.
(1941–1942)

Der Prolog

Ein weiterer bedeutsamer Text, der leitmotivisch für das gesamte Œuvre Weils stehen kann, ist der sogenannte Prolog. Dieser Prosatext, den sie ihren Aufzeichnungen voranstellt, umschreibt die personale Begegnung und Erfahrung mit dem Transzendenten in Metaphern und Symbolen, die an das Ge-

dicht «In einer dunklen Nacht» des spanischen Mystikers
Juan de la Cruz erinnern. Der Text des Prologs, der in mehreren Fassungen überliefert ist, nimmt die bereits genannte
Sehnsucht nach Wahrheit im Werk Simone Weils wieder
auf.[47]

Prolog

*Er trat in mein Zimmer und sagte: «Elende, die du nichts verstehst, nichts weißt. Komme mit mir und ich werde dich Dinge
lehren, von denen du dir einen Begriff machst.» Ich folgte ihm.*

*Er geleitet mich in eine Kirche. Sie war neu und hässlich. Er geleitete mich vor den Altar und sagte zu mir: «Knie nieder.» Ich
sagte zum ihm: «Ich bin nicht getauft.» Er sagte zu mir: «Sinke
in Liebe vor diesem Ort auf die Knie, als vor dem Orte, an dem
die Wahrheit lebt.» Ich gehorchte.*

*Er brachte mich hinaus und führte mich hinauf zu einer Mansarde, von der aus man durch das geöffnete Fenster die ganze
Stadt sah, einige Holzgerüste, den Fluss, auf dem Schiffe entladen wurden. In der Mansarde standen nur ein Tisch und zwei
Stühle. Er hieß mich Platz nehmen.*

*Wir waren allein. Er sprach. Zuweilen kam jemand herein,
mischte sich ins Gespräch, ging wieder.*

*Es war nicht mehr Winter. Es war noch Frühling. Die Äste der
Bäume waren kahl, ohne Knospen, in kalter und sonniger Luft.*

*Das Licht wurde stärker, erstrahlte, wurde schwächer, dann
schienen der Mond und die Sterne durchs Fenster. Dann brach
von neuem der Morgen an.*

*Manchmal schwieg er, nahm ein Brot aus dem Schrank, und wir
teilten es. Dieses Brot schmeckte wirklich wie Brot. Ich habe
diesen Geschmack nie wieder gefunden.*

*Er gab mir und gab sich selber Wein, der den Geschmack der
Sonne hatte und der Erde, auf der diese Stadt errichtet war.*

*Manchmal legten wir uns auf den Boden der Mansarde, und die
Süße des Schlafes senkte sich auf mich. Dann erwachte ich, und
ich trank das Licht der Sonne.*

[47] Siehe: Weil: Aufzeichnungen I, 53f.; Dies.: Zeugnis für das Gute,
S. 151f.

Er hatte mir eine Lehre versprochen, aber er lehrte mich nichts.
Wir sprachen über alles Mögliche, kamen vom Hundertsten ins
Tausendste, wie alte Freunde.
Eines Tages sagte er zu mir: «Jetzt geh.» Ich fiel auf die Knie, ich
umfasste seine Beine, ich flehte ihn an, mich nicht wegzujagen.
Doch er stieß mich auf die Treppe. Ich stieg wieder hinab und
wusste von nichts mehr, das Herz wie in Stücke gerissen. Ich
ging durch die Straßen. Dann fiel mir ein, dass ich gar nicht
wusste, wo dieses Haus war.
Ich habe nie versucht, es wieder zu finden. Ich begriff, es war
nur ein Irrtum, dass er mich geholt hatte. Mein Platz ist nicht in
dieser Mansarde. Er ist irgendwo, in einem Kerkerloch, in einem
der bürgerlichen Wohnzimmer voller Nippes und rotem Plüsch,
im Wartesaal eines Bahnhofs, irgendwo, aber nicht in dieser
Mansarde.
Manchmal kann ich nicht anders, als mir, mit Furcht und
Schuldgefühlen, etwas von dem zu wiederholen, was er mir ge-
sagt hat. Wie kann ich wissen, ob ich mich genau erinnere? Er
ist nicht da, es mir zu sagen.
Ich weiß wohl, dass er mich nicht liebt. Wie könnte er mich
auch lieben? Und doch, in meinem Innersten ist etwas, ein Punkt
meines Ich, das, zitternd vor Angst, nicht aufhören kann zu den-
ken, da er mich vielleicht, trotz allem, liebt.

Beide Texte, «Die Pforte» wie der Prolog, spiegeln Anthro-
pologie und Religionsphilosophie unserer Denkerin. Das Bemühen, zentrale Gedanken der Philosophin in Poesie zu übersetzen, entspricht dem Konzept der Schönheit in Platons Sym-
posion.

Zugleich beschäftigt sich Simone Weil in ihren Schriften
als Theoretikerin des Poetischen. Den Dichter denkt Weil als
inspiriert, sie versteht ihn nicht als Schreiberling, sondern als
‹Federhalter› (‹porte-plume›): «Ein Kunstwerk hat einen Urheber, und dennoch, wenn es vollkommen ist, eignet ihm
etwas wesenhaft Anonymes. Er ahmt die Anonymität der göttlichen Kunst nach.»[48] Das Gedicht kommt unter allen litera-

---

[48]   Weil: Schwerkraft und Gnade, S. 256.

rischen Gattungen in seiner Schönheit der transzendenten Wahrheit am nächsten, da es als geschlossene Form dem Ideal der Vollkommenheit am nächsten kommt.

Märchen, Mythen und Sagen

Märchen, Mythen, Sagen und Dichtung haben im schriftstellerischen Werk Weils eine heuristische Funktion. Sie thematisieren die «Wahrheit im geistigen Bereich.»[49] In allen vier Bänden der «Cahiers/Aufzeichnungen» finden sich Anklänge an Märchen und Märchenmotive, die aus dem europäischen wie außereuropäischen Raum stammen. Die einzelnen Motive der Märchen nimmt Simone Weil in ihre eigenen Gedanken auf, baut sie in die eigenen Gedankengänge ein und entwickelt sie manchmal sogar weiter. Mit ihrer Beschäftigung mit Märchen und Mythen verfolgt Simone Weil zugleich ein pädagogisches Ziel. Sie möchte in ihrer antielitären Haltung die einfachen Menschen an die großen Traditionen heranführen und ihnen die lebensgesättigte Überlieferung in Märchen, Mythen und Sagen erschließen.

Märchen, Sagen und Dichtung werden von ihr christologisch interpretiert. Ein Märchen südchilenischer Indianer deutet Simone Weil auf die Heilsbedeutung Jesu Christi:

«Die Tenquita. Ein Vogel, dem im Schnee ein Füßchen erfriert, als er Futter für seine Jungen suchen geht.
‹Schnee, warum bist du so böse, dass mir durch dich mein Füßchen erfriert?›
‹Die Sonne ist böser, denn sie bringt mich zum Schmelzen.›
‹Sonne, warum? …› etc.
Mensch: Frage den Herrn, der mich geschaffen hat.
Schließlich Gott: ‹Herr, warum […] hast du den Menschen geschaffen?
Der Mensch hat das Messer gemacht, das Messer tötet das Rind, das Rind trinkt Wasser, das Wasser löscht das Feuer, das Feuer

---

[49] Weil: Aufzeichnungen IV, 272.

verbrennt den Stock, der Stock schlägt den Hund, der Hund verfolgt die Katze. Die Katze frisst die Maus, die Maus macht ein Loch in die Mauer, die Mauer versperrt den Weg für den Wind, der Wind vertreibt die Wolke, die Wolke verdeckt die Sonne, die Sonne schmilzt den Schnee, der Schnee lässt mein Füßchen erfrieren.›

Und die Tenquita weint. Der Herr sagt zu ihr: Geht ruhig fort, Tenquita, und kümmere dich um deine Jungen, die Hunger haben und frieren.

Die Tenquita gehorcht, und als sie zum Nest kommt, ist ihr Füßchen geheilt.»[50]

Im Nachgang zu dieser Geschichte fragt sich Weil, ob sie diese Erzählung christlich verzerrt habe. Kurzum, Weil sammelt Märchen, Erzählungen, Sagen aus der ganzen Welt, um das Christusereignis in einer universellen Perspektive deuten zu können.

«Einwurzelung»

Die Fragen der politischen Neugestaltung Frankreichs der Nachkriegszeit beschäftigte Simone Weil, wie viele Intellektuelle ihrer Zeit, in ihrer letzten großen Publikation «Die Einwurzelung».[51] Das freie und geistige Leben wird darin jenseits von Kapitalismus und Sozialismus, lange vor dem Slogan eines Dritten Weges, als Aufgabe eines Humanismus beschrieben, der Gesellschaft und Individuum, Staat und Privatsphäre bestimmen soll. Die Schrift stellt das Bemühen Weils dar, eine Kultur aus dem Geist der Arbeit zu schaffen. Die Entwurzelung beschreibt das Phänomen der Arbeit unter dem neuzeitlichen Aspekt der Entfremdung. Hingegen entwirft die Einwurzelung, als Analyse und Therapie der aktuellen gesell-

[50]   Weil: Aufzeichnungen I, 164f.
[51]   Simone Weil: L'enracinement. Paris 1949; dt. Die Einwurzelung. Ein Vermächtnis. Einführung in die Pflichten dem menschlichen Leben gegenüber. München 1956.

schaftlichen wie politischen Verhältnisse verstanden, ein Gesellschaftsmodell, das dem Begriff der Verpflichtung gegenüber dem Begriff des Rechts einen Vorrang einräumt. Gegen den aus der Französischen Revolution stammenden Primat des Rechtes, setzt Weil den Begriff der Verpflichtung, denn die Verpflichtung verweist den Menschen auf ein Absolutes.

> «Der Begriff der Verpflichtung hat den Vorrang vor dem Begriff des Rechtes, der ihm untergeordnet und von ihm abhängig ist. Ein Recht ist nicht wirksam durch sich selbst, sondern einzig durch die Verpflichtung, der es entspricht; die tatsächliche Erfüllung eines Rechtes geschieht nicht durch den, der es besitzt, sondern durch die anderen, die ihm gegenüber eine Pflichtleistung ihrerseits anerkennen. Die Verpflichtung ist wirksam, sobald sie anerkannt wird. Aber selbst wenn eine Verpflichtung von niemandem anerkannt wird, so verliert sie dennoch nichts von der Fülle ihres Seins. Ein Recht, das niemand anerkennt, ist fast bedeutungslos.»[52]

Im Verlauf ihrer Lebenserfahrung und Geistesarbeit gehen Simone Weils Reflexionen von Gedankenexperimenten aus, die einen Ausgleich oder eine Überwindung von Schwerkraft und Gratuität suchen. Sie findet zunächst einen Weg im Neu-Bedenken des antiken Modells der Proportion, die, durch die Metapher des Hebels oder der Waage illustriert, einen Ausgleich zwischen den entgegengesetzten Polen darstellt.

> «Dieses Symbol der Waage ist von wunderbarer Tiefe. [...] Bedenkt man diese Metapher, so darf das Wort des Archimedes: ‹Gib mir einen festen Punkt, und ich werde die Welt aus den Angeln heben›, als eine Weissagung gelten. Dieser feste Punkt ist das Kreuz, der Schnittpunkt von Zeit und Ewigkeit.»[53]

Im weiteren Denkweg der jüdischen Philosophin kommt jedoch immer mehr der Gedanke der Gratuität des Heils als der christlichen Idee eines ‹extra nos› eines Übernatürlichen, das von außen kommt, in den Blick.

[52] Weil: Die Einwurzelung, S. 11.
[53] Weil: Entscheidung zur Distanz, S. 58f.

Die existentiellen Glaubenserfahrungen Simone Weils werden in ihrer wissenschaftlichen Reflexion konstitutiv. Die Frage des Religiösen und der Mystik schlägt sich in ihrem Denken nieder. So kann Simone Weil schreiben, dass Platon wie die Mystiker methodisch und reflexiv über die Mechanismen des Übernatürlichen geschrieben haben.

> «Das gesamte Werk des heiligen Johannes vom Kreuz ist nichts anderes als eine streng wissenschaftliche Untersuchung der übernatürlichen Mechanismen. Auch Platos Philosophie ist nichts anderes.» [54]

Ihre religionsphilosophischen Reflexionen finden sich in den Schriften wie «Attente de Dieu»,«Betrachtungen über das Vaterunser»,«Reflexion sur le bon usage des études scolaires en vue de l'amour de Dieu», «L'amour de Dieu et le malheur», «Formes implicites de l'amour de Dieu»,«Pensées sans ordre sur l'amour de Dieu», «Lettre à un religieux» und den «Cahiers/Aufzeichnungen». Pater Perrin und Gustave Thibon haben aus den Aufzeichnungen zunächst eine Auswahl publiziert («La pesanteur et la grâce»), die sich hauptsächlich auf die Fragen des Christentums bezog. Die vollständige Fassung der «Cahiers» bieten aber bei weitem mehr und sollen im Folgenden kurz näher vorgestellt werden.

Die «Cahiers/Aufzeichnungen»

Die Schriften Simone Weils bilden einen reflexiven Diskurs im wahrsten Sinn des Wortes. Ihre Gedanken laufen, springen zwischen den einzelnen Argumenten hin und her, bleiben abstrakt. Für sich genommen, scheinen sich einzelne Teile zu widersprechen, sie ähneln eher einem Koan, der auf seine Lösung durch die Lesenden wartet. [55] Die «Cahiers» beeindru-

---

[54] Weil: Die Einwurzelung, S. 384.

[55] «Zen – koan – Hypnotismus durch Worte. Die Suche ist das Wesentliche; die Konzentration wird obendrein gegeben (Suche nach nichts). Das koan, etwas Willkürliches, ist als Ziel gegeben, um

cken durch eine radikale Reflexion dessen, was sie als ihr persönliches Engagement sieht und lebt. Die «Cahiers» sind also keine Tagebücher, sondern Kladden ohne biographische Zutaten. Der von Weil eingeschlagene Weg, teilweise nimmt er selbst zerstörerische Züge an, bewirkt bei der Leserschaft Faszination oder Befremdung, jedenfalls keine Nachahmung. Leopold Federmair spricht von einer Faszination, der man bei der Lektüre der «Cahiers» unterliegen kann. Trotz aller offenkundigen Widersprüche «beeindrucken diese Aufzeichnungen durch das persönliche Engagement Simone Weils, durch den Weg, den sie allein, rückhaltlos, radikal in die verstiegensten Gebiete des Geistes und des Geistlichen geht»[56].

Ihre Schriften leben aus der Kraft der Vernunft und Argumentation und enden im Bekenntnis. Simone Weil – zeitlebens eine Einzelgängerin und -kämpferin. Die «Cahiers» behandeln als Themen ‹Gott und die Welt›, d h. es wird über Mythologie, Zeit, Ewigkeit, Liebe, Religion, Mathematik, Gewalt, Krieg, Kultur, Politik, das System der Pythagoreer, die Hochschätzung häretischer Traditionen des Abendlandes (Manichäer und ihre mittelalterliche Wiederbelebung bei den Katharern und Albingensern) und dergleichen reflektiert. In den letzten Heften der Aufzeichnungen, die Simone Weil bis kurz vor ihrem Tod schrieb, stehen immer mehr die religionsphilosophischen Reflexionen im Vordergrund. Dabei verfolgt die Philosophin jedoch ein methodisches Ziel. Reflexion und Abstraktion werden von ihr auf die Spitze getrieben: Im Be-Denken zeigt sich die höchste Leere menschlicher Vernunft und Einbildungskraft. «Die Widersprüche, an denen der Geist sich stößt, einzige Wirklichkeiten, Kriterium des Wirklichen. [...] Der Widerspruch ist die Probe auf die Not-

es zu verhindern – was immer eine große Gefahr ist –, dass man als Ziel nimmt, was obendrein gegeben ist. Die Suche nach der Bedeutung des koan führt zu einer dunklen Nacht, der Erleuchtung folgt.» (Aufzeichnungen III, 45).

[56] Leopold Federmair: Vom Abdanken des Denkens. Die ‹Cahiers› der Simone Weil. In: Merkur 53 (1999), S. 999–1003, S. 999.

wendigkeit.»[57] Das menschliche Denken stößt an Grenzen, die das Göttliche zu denken erlauben: «Die Grenze ist das Zeugnis, dass Gott uns liebt.»[58] Nach dem biblischen Vorbild der Dornbuschperikope (vgl. Ex 3,1–17), in dem sich Gott als der Namenlose offenbart, sind Dinge immer nur, was sie sind. Im Sog der Tautologie lösen sich alte Widersprüche auf. Suche nach Heil und Gnade, Endlichkeit und Unendlichkeit, Fülle und Leere werden so weit vorangetrieben, dass das Sein schließlich mit dem Nicht-Sein zusammenfällt. So wird das Letzte zum Ersten, das Erste zum Letzten. Das biblische Wort des Johannesevangeliums «Wer sich selbst erniedrigt, wird erhöht werden» ist eine häufig zitierte Bibelstelle im Werk Simone Weils. Die Ab-Dankung des Denkens, die Selbsterniedrigung im Denken entspricht nach Simone Weil dem göttlichen Vorbild, insofern die Menschwerdung eines Gottes immer ein Hinabsteigen bedeutet. Die Imitation dieser Denkbewegung trägt in sich einen Keim der Erhöhung zum Göttlichen. Nachahmung beziehungsweise Um-Kehrung heißt das Programm der «Cahiers». Das Denken folgt bei Weil einer doppelten Bewegung: Erhöhung und Erniedrigung – der Schwerkraft und Photosynthese – einer ‹aufsteigenden› und einer ‹absteigenden› Bewegung. Der Mensch bleibt für Simone Weil ausgespannt zwischen der Endlichkeit und der Transzendenz, zwischen Notwendigkeit und Freiheit. Die religiösen Erfahrungen Simone Weils verringern keineswegs ihr Interesse an Politik und Gesellschaft. Sie versteht und reflektiert Denken und Handeln, Aktion und Kontemplation aus einer umfassenden Perspektive, der Suche nach dem Guten und der Gerechtigkeit.

[57] Weil: Schwerkraft und Gnade. Mit einer Einführung von Gustave Thibon. München: Kösel, 1954, S. 191.

[58] Weil: Schwerkraft und Gnade. Ausgabe von 1981, S. 201 (Wenn nicht anders vermerkt, nach der Ausgabe aus dem Jahr 1981 zitiert).

Existenz

Die junge Weil thematisiert bereits in ihren Aufsätzen «Antigone» und «Elektra», beide im Frühjahr 1936 verfasst, die Tragik der menschlichen Existenz. Die klassischen Dramen sprechen von Unglückserfahrungen als tragischem Geschehen, das es zu er-tragen gilt. Beide antiken Dramen thematisieren die Phänomene der Ungerechtigkeit, der Notwendigkeit und des Leidens.

> «Die Geschichte Elektras [...] ist eine sehr alte Geschichte. Aber die Not, die Demütigung, die Ungerechtigkeit und das Gefühl ganz allein zu sein, dem Unglück ausgeliefert, von Gott und den Menschen verlassen, die Dinge sind nicht veraltet. Sie gehören allen Zeiten an. Es sind die Dinge, die das Leben denen täglich zufügt, die kein Glück haben.»[59]

Die in den Dramen angesprochene Bedrängnis versteht Weil nicht nur als eine innere und äußere, sondern ebenso als politische und gesellschaftliche. Die Thematisierung der Existenz lässt sich im gesamten Œuvre Weils auffinden. Aber eine Systematisierung dessen, was sie unter Existenz fasst, ist nicht einfach zu erarbeiten. Die Existenz als Ort der Begegnung darf weder hermetisch noch statisch verstanden werden. Sie soll den dynamischen wie personalen Charakter, die Spannung zwischen Existieren und Erkennen, zwischen dem Anspruch des Seins und der Absurdität des Existierens kenntlich machen.

Die Wahrnehmung (m)einer Existenz vollzieht sich durch die Koordinaten von Raum und Zeit. Die Sinneswahrnehmung wie die Bewegung des Körpers lassen die Existenz in ihrer Widersprüchlichkeit wie Nichtbegründbarkeit aufleuchten. Meine Existenz ist ebenso Realität wie die Existenz des anderen, der anderen. Das ‹Ich bin› realisiert sich im Ich des Sagens, des Denkens und des Handelns. Die Existenz ist Denken, d.h. im Sinne Platons, dass das Denken mittels seiner

---

[59] Weil: La source grecque, S. 64.

Deutungen die Existenz erschafft. Die individuelle Existenz meint sowohl die Gleichheit aller als auch die Individualität des Einzelnen. Die stete Lösung von einem realen Ich, das das Leiden der Existenz erklärt, zu einem ‹Ent-Werden› bedeutet den personalen Prozess der ‹dé-création›, d.h. das Zurück-Schaffen des Ichs zum Sein. Die geschichtliche Existenz meint demnach den Prozess der Dekreation des Individuellen auf das Universale hin. Wird dieser Prozess des Menschseins nicht anerkannt, lebt der Mensch in einer steten Illusion (später benützt Weil dafür den Begriff des Maya, der aus dem Hinduismus kommt). Der existentialistische Ansatz, die menschliche Realität als Absurdität zu beschreiben, will den Grund des absurden Seins der Existenz nachweisen. «Die Existenz ist nicht bewiesen, man stellt sie fest. [...] Und die Wirklichkeit eines Menschen besteht darin, hier unten zu existieren.»[60]

Absurdität wie Spannung der menschlichen Existenz liegen in dem totalen Anderssein Gottes begründet. Die Schöpfung als dé-création ist einbezogen in den stets offenen Prozess der Existenz. «Die Fülle von Gottes Wirklichkeit ist außerhalb dieser Welt, aber die Fülle der Wirklichkeit eines Menschen ist in dieser Welt.»[61]

Die existentielle Erfahrung der Unausschöpflichkeit und Unhinterfragbarkeit der Existenz solle, so Simone Weil, in ihren Kontradiktionen reflexiv erfasst und transzendiert werden. Die sinnliche Wahrnehmung allein vermittelt kein Wissen, erst die dazukommende Denk-Tätigkeit des Geistes lässt eine Abfolge von Sinneswahrnehmungen überhaupt als sinnvoll erscheinen. Die non-verbale wie verbale Tätigkeit des menschlichen Geistes befähigt die Wahrnehmung von Welt und vollzieht sich nach logischer Ursächlichkeit. Diese «Logik des Absurden» (Maja Wicki-Vogt) ermöglicht von der Ordnung der Welt als dem Schönen zu sprechen. Die Existenzphilosophie Weilscher Prägung verbindet einerseits die Rede von einer Schöpfung mit dem Gottesbegriff, andererseits wird die Autonomie und Freiheit der menschlichen Exis-

[60]   Weil: Aufzeichnungen III, 17.
[61]   Ebd.

tenz reflektiert. Freiheit ist die Voraussetzung und Instrument der Verwirklichung von Verantwortung, die sowohl das Individuelle als auch das Miteinandersein umfasst.[62]

Diese Rede von Existenz verbindet den Aspekt des individuellen Existenzbezugs, der sich in den Momenten von Zeit, Schuld und dem Phänomen des Bösen manifestiert, mit der kollektiven Seite der Existenz, die die Phänomene der Interpersonalität, der Gemeinschaft, der Macht, der Arbeit und der Würde des Menschen verbindet.

Die Sorge und Tragik menschlichen Lebens ist letztlich ein Aufbäumen der Existenz gegen die Zeit. Alles ist der Zeit unterworfen. In der Zeit ereignet sich Paradoxes: Einerseits ist die Zeit das universelle Maß der allgemeinen Ordnung. Mit der platonischen Schrift «Timaios» bestimmt Weil die Zeit als bewegliches Bild der Ewigkeit[63]. Die Existenz findet sich in der Zeit immer vor. Andererseits gilt es zu bedenken, hierbei greift Weil auf die Kantsche Bestimmung der Zeit zurück, dass die Zeit als subjektive Bedingung die innere Form der Anschauung darstellt[64]. Zeit und Existenz bedingen einander, denn die Zeit konstituiert sich von der tätigen Existenz aus. Dadurch ist die Zeit nicht nur als aktives Subjekt, sondern ebenso als passive, notwendige Weise zu verstehen. In der ‹soumission› der Zeit scheint das Unveränderliche, Ewige auf. Im Denk-Akt der Zeit schafft sich das Denken ein Vorher und Nachher, ein Früher und Später. Nur das Ewige, als Abbild des Schönen und Guten, ist ewig. Das Bedenken der Zeit verbindet in der Existenz das Vergangene und das

[62] Vgl. Maja Wicki-Vogt: Simone Weil: Eine Logik des Absurden. Bern: Haupt, 1983, S. 29–49.
[63] Weil: Timaios 37 d 59; Aufzeichnungen II, 162.
[64] Immanuel Kant, Kritik der reinen Vernunft, B 52/A 35,36: «Hierin besteht also die transzendentale Idealität der Zeit, nach welcher sie, wenn man von den subjektiven Bedingungen der sinnlichen Anschauung abstrahiert, gar nichts ist und den Gegenständen an sich selbst (ohne ihr Verhältnis auf unsere Anschauung) weder subsistierend noch inhärierend beigezählt werden kann.»

Zukünftige. Mit anderen Worten: Die Tragik und Absurdität der Existenz besteht darin, dass der Übergang der Zeitmodi (Vergangenheit und Zukunft) nur durch die Existenz hergestellt werden kann. Die Nichtigkeit, die Ohnmacht sowie die Bedeutung des Nichts gründen in dieser Zerrissenheit menschlicher Existenz. Die Zeit als Geheimnis kann letztlich nur kontemplativ betrachtet werden und durch die ‹temps vécu› (‹gelebte Zeit›) entschlüsselt und gelebt werden. Die Existenz des Menschen ist stets zwischen dem Schon und Noch-nicht ausgestreckt zu denken. Die Schuld als das Moment des Versagens angesichts der Zeit und das Böse als Gegensatz zum Ewigen und als Ausdruck der Sehnsucht nach dem Guten werden so an das Moment der Zeit zurückgebunden.

Die menschliche Existenz lebt nicht für sich allein, sondern in Verbindung zum anderen Ich und zur Gemeinschaft. Die Existenz in ihrem Gemeinschaftsbezug betrachtet, aktualisiert einen Gedanken Platons: Der Mensch in seinem Streben nach Vollkommenheit ist einsam und gerade darin auch jedem anderen gleichgestellt. Das Wissen um diese Gleichheit wie Andersheit wird von Weil als Begründung der praktischen Ethik gesehen. Das Mit-Leiden, die *compassio*, hat ihren Ort in der interpersonalen Begründung der Ethik. «Man kann den anderen nur durch eine Mit-Liebe lieben. Dies ist die einzig gerechte Form der Liebe.»[65]

Die Würde der anderen, der Respekt vor dem Individuum in seiner Gleichheit und Andersheit ist Basis der *Cité* (=Stadtgemeinschaft im Sinne der griechischen Polis) als Ort der Geborgenheit und der Gerechtigkeit. Die *Cité* als vermittelnder Ort zwischen dem Ich und der Gruppe ruft nach der Frage des Gebrauchs von Macht. Die Macht an sich ist nicht schlecht, doch es kommt auf die Verwendung der Macht im Blick auf die Gerechtigkeit innerhalb der Gemeinschaft an. In ihrer zeitlichen Ausübung kann die Macht korrumpiert, per-

---

[65] Weil: Connaissance surnaturelle, S. 41. Vgl. Dies.: Attente, S. 40: «Seit meiner frühesten Kindheit kenne ich den christlichen Begriff der Nächstenliebe, der ich den Namen Gerechtigkeit gebe, wie es an mehreren Stellen des Evangeliums belegt ist.»

vertiert oder missbraucht werden. Die gerechte Ausübung der Macht unterliegt der individuellen wie kollektiven Kontrolle und muss das Individuum wie die Gruppe vor Willkür, vor Regellosigkeit und Verachtung schützen. In diesen Grundzügen einer Ethik der *Cité* liegt Weils Begründung ihrer harschen Institutionskritik (an Partei, Kirche, Volk usw.).

Die Existenzialphilosophie Weilscher Prägung mündet in dem Postulat des Respekts vor den anderen.

> «Alle Übereinkünfte sind veränderlich nach dem Willen der Vertragspartner; an ihr (der Verpflichtung, Anm. W.M.) jedoch kann kein Wechsel des menschlichen Willens je die geringste Veränderung bewirken. Diese Verpflichtung ist ewig. Sie entspricht der ewigen Bestimmung des Menschenwesens. Nur das Menschenwesen hat eine ewige Bestimmung.»[66]

Alle metaphysischen, religionsphilosophischen, gesellschaftlichen und kulturellen Aussagen Simone Weils gründen in ihrer existenzialistischen Sichtweise, die allerdings weder mit der Existenzphilosophie Jean Paul Sartres noch mit der Daseinsontologie Heideggers zu verwechseln wäre. Die französische Philosophin meint das Geworfensein und Ausgespanntsein des Menschen zwischen Autonomie und Schöpfungsteilhabe zu bestimmen. In der freien Zustimmung zur Absurdität der Existenz liegt nach Weil der Übergang vom Unmöglichen zum Möglichen verborgen. Er wird durch Denken wie Handeln und im Leiden wie in der Schönheit zur Realität.

---

[66] Weil: Einwurzelung, S.14.

Zeit

Die menschliche Existenz ist endlich. Das Dasein der Existenz vollzieht sich in der Zeit. «Wir haben unser Ich in der Zeit.»[67] Die Welt in ihrer geschichtlichen Dimension begegnet als eine Welt offener Möglichkeiten, die sich in der Zeit realisieren. Für Weil ist die Erfahrung der Zeit zentral für die religiöse Erfahrung, insofern sie eine reflexive Möglichkeit der Beschreibung religiöser Erfahrungen selbst darstellt. «Die Betrachtung der Zeit ist der Schlüssel für das menschliche Leben. Sie ist das unreduzierbare Mysterium, auf das keine Wissenschaft Zugriff hat.»[68]

Glaube und religiöse Praxis werden in der Zeit gelebt. Alle Probleme bündeln in der Zeit, der Mensch hat seine Zeitlichkeit und Endlichkeit anzunehmen. Die Erfahrungen des Menschen lassen sich auf das Phänomen der Zeit zurückführen. «Die Zeit annehmen, in die Zeit hinabsteigen. Was kann für das Denken schmerzlicher sein? Aber es muss sein.»[69] Die Realität des Lebens spielt auf den Ebenen der Vergangenheit, Zukunft und Gegenwart. Die ‹condition humaine› ist der Ausgangspunkt der Überlegungen Weils zum Phänomen der Zeit. Die Zeit versteht sie zunächst in einem platonischen Sinn und spricht von der ‹unendlichen Dichte› von Raum und Zeit, reflektiert die Zeit in ihrer Dauer und in ihrem Verlauf. Diese Manifestationen des Zeitlichen sind, platonisch gedacht, nur Scheinwelten, denn diese verhüllen das Eigentliche und Wesentliche. Real ist nur, was keinem Werden und Vergehen unterworfen ist. Das Gute, Weil zitiert dafür immer wieder die platonische Schrift «Timaios», liegt außerhalb unserer raum-zeitlichen Wahrnehmung. «Es gibt eine Wirklichkeit, die außer der Welt liegt, das heißt außer Raum und Zeit, außerhalb der geistigen Welt des Menschen, außerhalb jeden Bereichs, der den menschlichen Fähigkeiten

---

[67] Weil: Zeugnis für das Gute, 251.
[68] Weil: Aufzeichnungen IV, 20.
[69] Weil: Aufzeichnungen II, 200.

zugänglich ist.»[70] Die Konzeption der Zeitlichkeit folgt bei Weil jedoch nicht nur einer platonischen Konzeption, sondern sie liefert eine nachcartesianische Denkfigur. Die Zeit liegt zwar außerhalb der menschlichen Erfahrbarkeiten, gleichwohl wird sie aber in ihrem Modus der Dauer von uns Menschen wahrgenommen. Diese Wahrnehmungen sind für das Dasein wesentlich: physischer Schmerz, Gewissensbisse, Angst, Erwartung, Bedauern, Zeitorganisation. Schmerz, Angst usw. lassen die Zeit und den Raum in den Körper eindringen[71].

Existiert die Zeit für Weil einerseits nicht, so ist andererseits die Erfahrung der Zeit jedoch für uns Menschen sinnlich erfahrbar. In der Zeitlichkeit des Daseins findet der Mensch seine Identität. Das Dasein von uns Menschen ist zeitlich. Die Zeitlichkeit menschlichen Lebens ist die Realität des Daseins selbst. Die Existenz muss sich in der Zeit bewähren und die Zeit gestalten. Die Existenz, die ‹in der Zeit› steht, kann als entfremdende Zeit erfahren werden. Simone Weil machte diese Erfahrung während ihrer Fabrikarbeit am Fließband. Die Zeit als entfremdete ist eine ‹zerstückelte Zeit›. Der Mensch ‹in der Zeit› lebt im Unglück. Das Unglück hat im Sinne Weils eine heilsame Wirkung, denn es verweist auf das Andere. «Das menschliche Elend wäre unerträglich, wenn die Zeit es nicht abschwächen würde.»[72] Der Gottlose lebt in der Zeit, denn er transzendiert sie nicht. Die Zeit als Abbild der Ewigkeit dagegen weist auf das Gute, nach dem der Mensch eine Sehnsucht hat.[73] Mit anderen Worten: Es besteht ein «Mysterium der Zeit»[74]. Dieses postulierte Transzendieren der Zeit manifestiert eine andere Zukunft als die immanent gedachte. Um zu dieser Zukunft zu gelangen, ist eine absolute ‹attente›

---

[70] Weil: Zeugnis für das Gute, S. 74.

[71] Vgl. aaO, 127.

[72] Weil: Aufzeichnungen II, 172.

[73] So formuliert Weil beispielsweise «Dem Verlangen seine Energie stehlen, indem man ihm die Ausrichtung in die Zeit nimmt.» (Aufzeichnungen II, 171).

[74] Weil: Aufzeichnungen II, 202.

nötig, die auf das Andere zielt. Wer wartet, stellt seine Zeit zur Disposition. Die Annahme des Wartens/Wartenkönnens bringt die Seele zu einem rechten Verhältnis zur Zeit. Das ‹unmögliche Warten› kann bis zu einer absoluten Leere und Ablösung von allem Materiellen, von der Einbildungskraft usw. gehen. «Der Verzicht ist die Unterwerfung unter die Zeit.»[75] So versteht Weil beispielsweise das christliche Kreuz als das höchste Symbol des durch alle Zeit hindurch zerrissenen Menschen.

Das Warten Gottes

In dem Augenblick des ‹untätigen Wartens› stößt der Mensch an eine nicht zu übersteigende Grenze und das Ewige bricht in die Zeit herein. «Der Übergang zum Transzendenten vollzieht sich, wenn die menschlichen Fähigkeiten – Verstand, Wille, menschliche Liebe – an eine Grenze stoßen und der Mensch auf dieser Schwelle verharrt, über die hinaus er keinen Schritt tun kann, und dies, ohne sich von ihr abzuwenden, ohne zu wissen, was er begehrt, und angespannt im Warten.»[76] Gott, der die Menschen in die Zeit hinein entlassen hat, wartet geduldig auf die Einwilligung des Menschen, ihn zu lieben. «Gott wartet wie ein Bettler, der reglos und schweigend vor jemanden steht, der ihm vielleicht ein Stück Brot geben wird. Die Zeit ist dieses Warten Gottes. Die Zeit ist das Warten Gottes, der um unsre Liebe bettelt.»[77]

Gott und Mensch begegnen sich in der Geschichte. Die Zeitlichkeit des Menschen ist der Ort der Erfahrung Gottes. Die Hineinnahme der Zeit und alles, was sie bringen kann, ist die einzige Einstellung des Menschen, die nicht von der Zeit bestimmt ist. Die Annahme dieser Begegnung in der Zeit oder deren Ablehnung durch den Menschen vergleicht Simone Weil mit dem Bild eines ‹verpassten Rendez-vous›:

[75] AaO, 127.
[76] Weil: Aufzeichnungen IV, 317.
[77] Weil: Zeugnis für das Gute, S. 250.

«Gott und die Menschheit sind wie ein Liebender und eine Liebende, die einem Irrtum über den Ort des Stelldicheins erlegen sind. Jeder hat sich vor der Zeit eingefunden, doch jeder an einer anderen Stelle, und sie warten, warten, warten. Unbeweglich steht der Liebende da, festgenagelt für alle Zeiten. Die Liebende ist zerstreut und ungeduldig. Wehe ihr, wenn sie genug hat und davon geht! Denn die beiden Punkte, an denen sie sich befinden, sind derselbe Punkt in der vierten Dimension.»[78]

Mit diesen Überlegungen hat Simone Weil ihre mystischen Grenzerfahrungen unter den Bedingungen der zeitlichen Existenz denkerisch nachvollzogen. Die Zeitlichkeit des Menschen artikuliert sich somit unter zwei Modi. Einerseits kann die Zeit, unter dem Aspekt der Schwerkraft betrachtet, als zerstückelte und entfremdete Zeit verstanden werden, wie sie andererseits als erlöste und geglückte Zeit zu verstehen ist, wenn das Ewige in das Jetzt einer Existenz einbricht.

[78] Weil: Zeugnis für das Gute, S. 251.

Schwelle – Grenze

Das Denken Simone Weils befindet sich stetig im Fluss. Es ist ein prozessuales Denken. Die ständige Suche nach Wahrheit veranlasste Weil immer wieder neu bei einem Gedanken einzusetzen, der neben dem bereits Gedachten neu entwickelt wird und diesen ergänzen soll. «An der Grenze entlang gehen. Wir stellen uns die Grenze durch einen Gedankenschritt vor, der analog zur Mathematik ist.»[79] Mit großer Behutsamkeit und der Schärfe cartesianischen Geistes stößt Simone Weil in ihrem Denken bis an das Dunkle, das Un-denkbare, das Mysterium heran. Sie thematisiert immer wieder die Grenze des diskursiven Erkennbaren und Sagbaren. Ein Thema, das in ihrem Œuvre ständig wiederkehrt, ist das Bedenken der Grenze als solcher. Die Grenze kann dabei in einer doppelten Weise verstanden werden. Einerseits impliziert es den Sinn von Grenze und Begrenzung. Andererseits wird der Begriff im Sinne des Durchgangs und als Ort des Übersteigens verwendet. Im «Prolog» wird diese Bedeutung aufgenommen, wenn Weil das Denken an die Pforte führt, die unmöglich geöffnet werden kann.

Mit diesen Aussagen werden Weils Reflexionen zur ‹eigentlichen Methode› der Philosophie einsichtig und verständlich:

> «Die eigentliche Methode der Philosophie besteht darin, die unlösbaren Probleme in ihrer Unlösbarkeit klar zu erfassen, sie dann zu betrachten, weiter nichts, unverwandt, unermüdlich, Jahre hindurch, ohne jede Hoffnung, im Warten. […] Der Übergang zum Transzendenten vollzieht sich, wenn die menschlichen Fähigkeiten – Verstand, Wille, menschliche Liebe – an eine Grenze stoßen und der Mensch auf dieser Schwelle verharrt, über die hinaus er keinen Schritt tun kann, und dies ohne sich von ihr abzuwenden, ohne zu wissen, was er begehrt, und angespannt im Warten.»[80]

---

[79] Weil: Aufzeichnungen II, 178.
[80] Weil: Aufzeichnungen IV, 317.

Das dynamische Denken der Grenzen ist eine erkenntnistheoretische Figur, um das Mysterium (im theologischen Sinn verstanden!) zu denken und doch Mysterium sein zu lassen. Der Begriff des Geheimnisses ist denkerisch legitim, da er den menschlichen Verstand an die Grenzen des Denkbaren heranführt und somit einen neuen Bereich eröffnet, der über das Denken hinausführt[81].

Diese Art des Denkens kann im Bild der Leiter, wie es Ludwig Wittgenstein in seinem «Tractatus» verwendet[82], verstanden werden. Alle Begriffe und Gedanken, die Simone Weil in ihren religionsphilosophischen Reflexionen benützt, haben für sie eine solche Leiterfunktion, die in dem Augenblick entfällt, wo die Sprosse auf die nächste durchschritten ist.

> «Die Wechselbeziehungen von Gegensätzen sind wie eine Leiter. Jede hebt uns auf eine höhere Ebene, wo das Verhältnis zu Hause ist, das die Gegensätze vereint. Bis wir zu der Stelle gelangen, an der wir die Gegensätze zusammen denken müssen, an der wir aber keinen Zugang zu der Ebene haben können, auf der sie verbunden sind. Das ist die letzte Sprosse der Leiter.»[83].

Mittels dieser Leiterfunktion kann sich der Mensch in seinem Denkakt immer mehr der Wahrheit nähern. «Eine Wahrheit ist der unbenennbare Punkt (), auf den hin man alle möglichen Meinungen über ein Thema ordnen kann, indem man sie an die ihnen zukommende Stelle setzt.»[84]

Die theologische Rede versteht sich weder als Projektion noch als Illusion oder als Manipulation, sondern setzt eine positive Rede von Gott notwendigerweise voraus. Dies ge-

---

[81] Weil: Connaissance surnaturelle, S. 79.

[82] Ludwig Wittgenstein: Tractatus logico-philosophicus. Frankfurt/M.: Suhrkamp, 1969, S. 115: «6.54: Meine Sätze erläutern dadurch, dass sie der, welcher mich versteht, am Ende als unsinnig erkennt, wenn er durch sie – auf ihnen –über – über sie hinausgegangen ist. (Er muss sozusagen die Leiter wegwerfen, nachdem er auf ihr hinaufgestiegen ist.)»

[83] Weil: Aufzeichnungen III, 72.

[84] Weil: Aufzeichnungen II, 32.

schieht mittels Begriffen, Symbolen, Bildern und Erzählungen. Die positiv gesetzte theologische Rede muss aber um ihre Grenze und Leitfunktion im Blick auf das Mysterium wissen (und diese erhalten). Dieses negative Potenzial bleibt der Stachel im Fleisch jeder begrifflichen Rede von Gott, um diese Rede nicht zu infantilisieren, zu psychologisieren, zu bagatellisieren oder zu ideologisieren.

Das stete Bedenken der Grenze umfängt für Weil auch den mystischen Aspekt der Gottesrede. Das Bedenken der Grenze lässt auch die Erfahrung des Nichts im theologischen Diskurs denken. Hier drücken sich Erfahrungen aus, die für das Reden von der göttlichen Realität eher ungewöhnlich sind: Entfremdung, Einsamkeit, Schweigen, Scheitern, innere Leere, Armut und Nichtwissen.

Fragende und suchende Theologie

Theologie wird gemeinhin verstanden als ein der griechischen Antike entstammender Begriff, der eine vernünftige, reflektierende Rede der Menschen über Gott meint. Dieser theologische Diskurs kann in ganz verschiedenen Textgattungen von seinem Objekt handeln. Der Diskurs kann hymnisch, mystisch, philosophisch, systematisch oder biblisch geprägt sein. Immer setzt er den Glauben an die Wirklichkeit eines Gottes oder einer übernatürlichen Realität als alles bestimmenden Grund der Wirklichkeit voraus. Christliche Theologie zeichnet sich dadurch aus, dass sie auf einem positiven Offenbarungsverständnis basiert und von der Inkarnation Gottes in Jesus Christus ausgeht und davon handelt. Der heutige Theologiebetrieb geht nicht mehr so sehr auf die klassischen Themen einer natürlichen Theologie, einer Philosophie der Religion ein, sondern setzt verstärkt im biblischen und pastoralen Bedenken des Glaubens an.

Die ‹theologischen Splitter› Simone Weils stehen zum heutigen Mainstream theologischen Arbeitens quer, da sie sich – fast ausschließlich – einer philosophischen Behandlung der Thematik bedienen. Die religionsphilosophischen Reflexionen Simone Weils unterscheiden sich von diesem klassischen Grundzug (christlicher) Theologie, insofern sie bewusst nicht von einem Offenbarungsbegriff ausgehen. Vielmehr nähern sie sich der Gottesfrage und dem Phänomen des (theologischen) Glaubens mittels einer philosophischen Perspektive. Sie setzen sich das Ziel, für den (christlichen) Glauben Plausibilitätsstrukturen aufzuzeigen, die das Glaubenkönnen als Möglichkeit des denkenden modernen Menschen erweisen.

Zum Glauben kommt für Simone Weil ein suchendes und fragendes Element hinzu; der methodische Zweifel, der zur Zustimmung des glaubenden Menschen gehört, hält das Geglaubte zunächst in der Schwebe und prüft seine Zustimmung. «Für mich ist eine scheinbare oder wirkliche Nichtübereinstimmung mit der Lehre der Kirche im Reflexionsprozess nur ein Grund, das Denken für eine lange Zeit in der

Schwebe zu halten, die Prüfung, die Aufmerksamkeit und den Zweifel so weit wie möglich zu treiben, bevor man irgendetwas zu behaupten wagt. Aber das ist alles.»[85]

Simone Weils Gedanken zu Gott, Mensch und Welt nehmen als Ausgangspunkt nicht den religiös sozialisierten Menschen, der einer Glaubensgemeinschaft angehört und seinen Glauben in vorgegebenen Medien wie Bekenntnis, Liturgie, Verkündigung praktiziert und an seiner Glaubenstradition, die ihm überliefert wurde, implizit oder explizit festhält. Simone Weil geht dagegen von der Realität des modernen Menschen aus, dem der Glaube nicht leicht fällt und der die Spannung zwischen Autonomie und Heteronomie existenziell durchlebt.

Philosophische Theologie ist für Simone Weil in der Grunddisposition der ‹attente› zu betreiben. Wie in der Philosophie sind die Fragen der Existenz entschieden und unablässig über Jahre hinweg in der Haltung der ‹attente› zu betrachten. Diese erkenntnistheoretische Prämisse zeitigt ebenfalls Konsequenzen für die Theologie. Es Sie bedingt nämlich eine Abwehr jener Denkmuster, die den Glauben instrumentalisieren und ihn als Besitzstandswahrung begreifen lassen.

> «Jeden Glauben abweisen, der die Leerräume ausfüllen, die Bitternisse lindern soll. Den an die Unsterblichkeit. Den der Nützlichkeit der Sünden: etiam peccata. Den an eine durch die Vorsehung bestimmte Ordnung des Geschehens – kurz: die ‹Tröstungen›, die man gewöhnlich in der Religion sucht.»[86]

Angesichts der Glaubenssituation bekommt die Frage nach dem Wie des Glaubenkönnens eine Aktualität. Simone Weil stellt sich in ihren erkenntnistheoretischen Überlegungen ebenfalls diese Frage im Rahmen ihrer Theorie der verschiedenen Lesearten. Sie unterscheidet drei verschiedene Stufen im Erkenntnisprozess, die ineinander verschränkt sind. Die Gabe des Lesens ist letzlich übernatürlich und ermöglicht, sich im Akt des Lesens an das Transzendente heranzuwagen.

---

[85] Weil: Letzter Text. In: Akzente 45 (1998), S. 290–292, 290.
[86] Weil : Schwerkraft und Gnade, S. 25.

«Lesearten, die sich überlagern: hinter der sinnlichen Wahrnehmung die Notwendigkeit lesen, hinter der Notwendigkeit die Ordnung, hinter der Ordnung Gott lesen.»[87]

In ihrer Erkenntnistheorie geht Weil von Empfindungen und Emotionen aus, die die Grundlage jeglicher Erkenntnis bilden. Diese beiden Grundlagen versteht Weil als Wirkungen, die sich in den Erscheinungsweisen dem einzelnen Erkennen nicht zeigen. Solche Erscheinungen werden auf der zweiten Stufe durch das subjektive Urteil modifiziert und erlangen dadurch den Status von Bedeutung (‹signification›) des Einzelnen. Durch solche Bedeutungen, die Dingen und Ereignissen zugesprochen werden, wird die wahrgenommene sinnliche Welt mit Sinn ausgestattet.

Diese Wahrnehmung darf jedoch nicht mit der ‹wahren› Wirklichkeit verwechselt werden, die sich nur dem Einzelnen zeigt, wenn er sich immer mehr von äußeren und inneren Eindrücken, Illusionen und Leidenschaften befreit. Die verschiedenen Lesearten schwanken zwischen Schwerkraft und Freiheit.

> «Lesearten. Das Lesen – mit Ausnahme einer gewissen Art von Aufmerksamkeit – gehorcht der Schwerkraft. Man liest die Meinungen, die einem die Schwerkraft eingibt.»[88].

Je weiter jedoch der Prozess der Lösung von der Schwerkraft fortschreitet, umso mehr wächst die Möglichkeit, hinter allen Erscheinungen Gott selbst zu erkennen. Diese dritte Stufe eröffnet eine dem Menschen eigene Erkenntnis. Man liest, wird aber auch von anderen gelesen. Es gibt stets Interferenzen zwischen den verschiedenen Lesearten. Die verschiedenen Lesearten ermöglichen die Wahrnehmung der Welt. «Die Welt ist ein Text mit mehreren Bedeutungen.»[89]

Von dieser Stufe unterscheidet Weil nochmals einen Erkenntnisweg, der dem religiösen Bereich zuzuordnen ist und für den die Haltung der ‹attente› eine notwendige Vorausset-

---

[87] AaO, S. 185.
[88] Weil: Aufzeichnungen II, 29.
[89] Weil: Aufzeichnungen I, 182.

zung bildet. Diese Möglichkeit einer übernatürlichen Erkenntnis (‹connaissance surnaturelle›) versteht sie als eine ‹non-lecture/Nicht-Lesen›, die die Einzelerscheinungen der Welt als auf Gott hingeordnet betrachtet. Dieses ganzheitliche System von Symbolen versteht die Welt als einen Text mit mehrfacher Bedeutung. Das Zurücknehmen seiner Ichverhaftung erlaubt dem Menschen immer mehr, einen Blick hinter die oberflächlichen Bedeutungen zu machen. Sowohl in der Erfahrung der Schönheit als auch in der Erfahrung des Leidens teilen sich in der Kreatürlichkeit der Welt dem Menschen die Spuren von Gottes Wirklichkeit mit. Simone Weil nimmt in ihre religionsphilosophische Erkenntnislehre mit dem Aspekt einer Vermittlung durch Symbole, Mythen, Märchen und Sagen ein Stück Kulturgeschichte in die Reflexion mit auf.

> «Ich bin überzeugt, dass das Unglück einerseits, und andererseits die Freude als rückhaltlose, uneigennützige Zustimmung zu der vollkommenen Schönheit, da beide den Verlust der persönlichen Existenz implizieren, die beiden einzigen Schlüssel sind, mit deren Hilfe man in das reine Land gelangt; das Land, wo sich's atmen lässt; das Land des Wirklichen.»[90]

In der Erfahrung des Schönen wie des Unglücks sind dem Menschen Wege geöffnet, um seine Welterfahrung auf Gott hin aufzuschlüsseln. Diese Überlegungen Weils können als Hinführung zu einer Theologie der Kultur verstanden werden, die, angesichts der modernen Unübersichtlichkeit, das Glaubensgut weiter zu tradieren erlaubt. Weils religionsphilosophische Theorie stellt eine ‹lecture› der Glaubensmysterien dar, bei der das zu Erkennende einerseits durch die Religionskritik der Moderne gebrochen wurde, andererseits sich durch eine ‹lecture seconde› symbolisch hermeneutisch aneignen lässt. Die symbolische Aneignung der Welt lädt ein, die Welt mit den Augen Gottes zu betrachten, nämlich mit menschlichen Mitteln. Dabei geschieht ein ‹fröhlicher Wechsel›: Den

---

[90] Weil: Zeugnis für das Gute, S. 147.

wahren Text zu lesen, heißt, dass Gott selbst der Leser und der Mensch der (das) Gelesene ist.

«Einen wahren Text denken, den ich nicht lese, den ich niemals gelesen habe, heißt einen Leser dieses wahren Textes denken, d. h. Gott.»[91]

Diese Betrachtung der Welt als rezeptionsästhetische Erkenntnistheorie meint weder eine supranaturale noch fidiestisch zu verstehende Weltdeutung, sondern ‹ereignet sich› mit menschlichen Mitteln. Dieser hermeneutische Aneignungsprozess kann zu einer zweiten Naivität führen, nachdem uns die erste verloren gegangen ist.[92]

Die biblischen Schriften

Die Betrachtung des Entwurfs einer fragenden Theologie nach Simone Weil muss sich auch die Frage nach dem Umgang mit der Bibel stellen. Simone Weil liest neben heiligen Texten anderer Weltreligionen auch die Bibel. Allerdings spielen die biblischen Texte für ihre mystische Erfahrung keine Rolle. Sie pflegt einen selektiven Zugang zur christlichen Bibel. Während sie sich eingehend mit dem Buch Hiob und vereinzelt mit dem Pentateuch beschäftigt, werden andere Bücher der alttestamentlichen Weisheitsliteratur, die Psalmen und die Propheten von ihr nur teilweise zitiert. Die geschichtlichen Bücher hingegen werden weder gelesen noch zitiert. Im Neuen Testament hat sie eine große Vorliebe für das Johannesevangelium und gewisse Passagen aus den synoptischen Evangelien wie beispielsweise die eschatologische

---

[91] Weil: Essai sur la notion de lecture. In: Cahiers Simone Weil VIII (1985), S. 216–220, 219.

[92] Das Programm einer zweiten Naivität postuliert ebenfalls Paul Ricœur in seinen erkenntnistheoretischen Schriften, siehe dazu: Paul Ricœur: Symbolik des Bösen. Freiburg i. Br./München: Alber Verlag, 1971, S. 395–407.

Gerichtsszene im Matthäusevangelium.[93] Dem neutestamentlichen Text des Vaterunsers widmet sie eine eigene Betrachtung. Den Paulusbriefen nähert sie sich erstmalig in Marseille, während die anderen neutestamentlichen Briefe in ihrer
persönlichen Bibellektüre fast keine Beachtung finden. Die
neutestamentlichen Texte werden im Original gelesen. Die
Bibellektüre Weils steht größtenteils in einem interreligiösen
Kontext. Sie setzt sich mit den Bibeltexten zunächst rein phi-
lologisch auseinander, so fertigt Weil mehrmals eigene Übersetzungen der biblischen Stellen an (z. B. den Text des Vaterunsers, vgl. Aufzeichnungen I, 342).

Simone Weil kennt und praktiziert die klassische Methode
der christlichen und kirchlichen Bibellektüre. Sie arbeitet bei
ihrer Bibellektüre mit der Theorie des vierfachen Schriftsinns.
Ein altes Distichon fasst diese Lehre prägnant zusammen:
«Der Buchstabe lehrt die Ereignisse; was du zu glauben hast,
die Allegorie,/die Moral, was du zu tun hast; wohin du streben sollst die Anagogie.»[94]

Die Theorie des vierfachen Schriftsinns funktioniert wie
folgt: Der erste Schriftsinn, die historische Aussage, leitet zur
allegorischen Deutung über, die zum eigentlichen Gegenstand
des Glaubens führt. Der moralische Sinn der Schrift versteht
die biblische Aussage als Lebensregel, nach der sich die Glaubenden orientieren sollen. Der anagogische Sinn artikuliert
dagegen den letzten Sinn der Schriftaussage, die himmlische
und göttliche Wirklichkeit. Die Abfolge der verschiedenen
Schriftsinne ist nicht nur logisch, sondern auch dynamisch zu
verstehen. Die Theorie des vierfachen Schriftsinns verbindet
Geist und Geschichte und leistet eine Lösungsmöglichkeit zu
einer grundlegenden Frage jeder Hermeneutik. Diese Lehre
benutzte die biblische Hermeneutik, um den ‹garstigen Gra-

---

[93] Mt 25, siehe dazu bei Weil etwa: Aufzeichnungen II, 212, 223,
      316; III, 104; IV, 164.
[94] Zur Theorie des vierfachen Schriftsinns siehe: Henri de Lubac:
      Typologie, Allegorie, geistiger Sinn. Studien zur Geschichte der
      christlichen Schriftauslegung. Freiburg i. Br.: Johannes Verlag,
      1999.

ben› (G. E. Lessing) der Zeit zwischen historischem Ereignis und der geistlichen, je neuen, Aktualität zu überbrücken. Simone Weil setzt in ihrer Bibellektüre stets beim historischen Sinn an. Ihre eigenständige Übersetzung des biblischen Textes des Vaterunsers ist dafür ein Beispiel. Die Allegorie, die klassischerweise auf die Ereignisse des Alten Testaments bezogen wird, weitet Weil in einen interreligiösen Kontext. Als Beispiel dieser Methode kann die Schrift ‹Vorchristliche Schau› Simone Weils gelten, da die Mysterien und Symbole des Hellenismus als Vorstufe und Hinführung zum Christusereignis verstanden werden:

> «Das menschliche Denken und das Universum bilden so die recht eigentlich offenbarten Bücher, wenn die durch Liebe und Glaube erhellte Aufmerksamkeit sie zu entziffern weiß. Ihre Lektüre bildet einen Beweis, ja sogar den einzig sicheren Beweis.»[95]

Auf den moralischen Sinn zielt Simone Weil, wenn sie beispielsweise die eschatologische Gerichtsszene des Matthäusevangeliums mit dem historischen Faktum des Sklavenhandels aktualisiert[96]. Den anagogischen Sinn der eschatologischen Hoffnung der christlichen Botschaft umschreibt Weil mit ihrem Begriff der ‹attente›, d.h. die ‹attente impossible› wird als Grundhaltung menschlichen Tuns und Denkens beschrieben. Sie erwartet ein Handeln Gottes, das sich in Bildern, Metaphern und Symbolen ausdrückt. Der anagogische Sinn der Schrift findet sich bei Weil in den sakramentstheologischen Reflexionen der Spätzeit, wenn sie den bösen und unklugen Knecht des matthäischen Gleichnisses (Mt 24,45–51) wie folgt beschreibt: «Es bezeichnet einen Mann, der wartet, ohne sich zu rühren, trotz all der Schläge, die er erhielt, um sich zu bewegen.»[97].

Die programmatische und methodologische Relektüre des klassischen Distichon findet sich bei Weil in ihren Aufzeich-

---

[95] Weil: Vorchristliche Schau, S. 152.
[96] Vgl. Weil: Aufzeichnungen IV, 152.
[97] Weil: Théorie des sacrements, S. 16.

nungen, wenn sie schreibt, dass es sich dabei um eine Methode handelt, die im Schauen besteht.

> «Methoden, um Bilder, Symbole etc. zu verstehen. Nicht versuchen, sie zu interpretieren, sondern sie so lange anschauen, bis das Licht hervortritt. Deshalb muss man sich davor hüten, ihre Wirklichkeit unrechtmässig zu verringern. […] Es ist besser, man geht die Gefahr ein, sie allzu wörtlich zu nehmen, als nicht wörtlich genug. Zunächst muss man sie ganz wörtlich nehmen und sie auf diese Weise lange betrachten. Dann muss man sie weniger wörtlich nehmen und sie auf diese Weise lange betrachten, und dann in Abstufen so fortfahren. Und schließlich zur vollkommenen wörtlichen Betrachtung zurückkommen. Und das Licht trinken, das aus allen diesen Betrachtungen hervorbricht, welches es auch sein mag. […] Ganz allgemein: eine Methode, den Verstand zu schulen, die im Schauen besteht.»[98]

Simone Weils Hermeneutik biblischer Texte gründet in der Theorie der ‹attente› und kann als Heuristik einer Bibellektüre gelten, die diese Texte nicht sofort in ihrer kirchlichen Relektüre liest, sondern sich diesem schrittweise nähert. Simone Weil praktiziert keine ‹eisegesis›, d. h. ein Hineinlegen eigener Gedanken in fremde Texte, sondern fordert stringent eine historisch-philologische Betrachtung, um den Inhalt von Texten zu verstehen. Ausgehend vom philologischen Verständnis (‹sensus litteralis›) wird von der Leserschaft einer solchen Zugangsweise nach dem geistlichen Sinn (‹sensus spiritualis›) gesucht, der eine existentielle Bibellektüre ermöglichen soll.

In der gegenwärtigen Debatte der Hermeneutik wird der Ansatz Simone Weils eher in die Richtung einer Rezeptionsästhetik als einer produktionsästhetischen Hermeneutik einzuschreiben sein. Im Vergleich mit heute gängigen Methoden der Bibellektüre erscheint ihre Leseart teilweise kühn. Sie kann als ein Beispiel des Umgangs mit der Bibel als einer autonomen und inspirierten Leserin gelten. Weils Beschäftigung mit dem ‹sensus litteralis› bildet die Basis für eine figu-

---

[98] Weil: Aufzeichnungen II, 285f.

rative und übertragene Bedeutung des Textes, oder in der Terminologie Weils formuliert einer ‹lecture›, d. h. einer Herausarbeitung eines ‹sensus spiritualis›.

Religion

Zu Beginn des letzten Jahrhunderts, als die Theologien der christlichen Kirchen von einem Offenbarungspositivismus ausgingen und die katholische Kirche sich noch nicht der Ökumene geöffnet hatte, erlebte die Religionswissenschaft einen ersten Boom. Europäische Wissenschaftler fragten nach der Heilsbedeutung nichtchristlicher Religionen. Auch Simone Weil beschäftigt sich in den späteren Jahren in ihren Schriften immer mehr mit dem Phänomen des Religiösen. Sie sucht nach den Gründen der Spaltung zwischen moderner Gesellschaft und Glauben, fragt nach den Ursachen der wachsenden Irrationalität in den europäischen Gesellschaften. Weil geht in ihren Schriften jedoch noch einen Schritt weiter und stellt die systematische Frage nach einer vergleichenden Erkenntnis der Religionen. Sie versteht den Hellenismus als eine Vorbereitung auf das Christentum, betrachtet gnostische Strömungen unapologetisch unter einer systematischen Perspektive und bezieht in ihre Überlegungen die großen Weltreligionen ein. Mythen, Sagen und Erzählungen artikulieren bereits aus sich heraus die Suche Gottes nach den Menschen.

Die Geisteswissenschaft kennt eine Vielzahl von Definitionen für Religion. Was versteht Simone Weil unter diesem Begriff? Für sie entspricht der Begriff der Religion einem Bedürfnis des Menschen und ist zugleich Ausdruck menschlicher Freiheit gegenüber der Transzendenz. Die Religion als Pflicht dient der Einwurzelung des Menschen in Göttlichem.

Religiöse Handlungen und Praktiken sind Ausdruck der Verheißung Gottes. Alle Religionen zeichnen sich durch einen strikten Bezug zu Gott oder einer göttlichen Realität aus und äußern sich in Formen des Ritus, des Kultes und der Liturgie.[99] Religiöse Handlungen partizipieren an der Schönheit

---

[99]   In der neueren Debatte um den Begriff der Religion wird Religion als eine kommunikative und praktische Weise der Welt- und Lebensbewältigung bestimmt, vgl. dazu: Edmund Arens: Got-

Gottes. Alle Religionen rufen den Namen Gottes an. Die Anrufung heiliger Namen wird in den verschiedenen religiösen Praktiken gepflegt, begründet und analysiert. Solche Handlungen bestimmen das Handeln der Menschen. Das Wesen der Religion besteht für Weil im «Hinblicken», d. h. Simone Weil verbindet ihre Definition der Religion mit ihrer Theorie der ‹attente›. «Die Anstrengung, durch welche die Seele sich rettet, gleicht der Anstrengung des Schauens, des Lauschens, der Anstrengung, mit welcher eine Braut ihr Jawort spricht. Es ist ein Akt der Aufmerksamkeit und der Zustimmung.»[100]

Die Religion ist Ausdruck des menschlichen Willens, der sich im existentiellen Vollzug jedoch als rein passiv dem Göttlichen gegenüber verhält. «Da ist nur ein Warten, Aufmerksamkeit, Schweigen, Stillhalten durch Leiden und Freuden hindurch.»[101].

Simone Weil geht in ihrer Behandlung der Religionsthematik von einem christlichen Verständnis der Religion aus. Diese Aussage versteht sich als eine religiöse und nicht als wissenschaftliche oder ideengeschichtliche. Die Grenze wird eigens nicht reflektiert, jedoch methodisch respektiert. Mit anderen Worten: Die Frage nach der Bedeutung des Religiösen wird von den christlichen Mysterien des trinitätstheologischen Gottesverständnisses und der Inkarnation bedacht. Die grundlegenden Fragen zu dieser Thematik finden sich in den Schriften ‹Attente de Dieu› (1950), ‹Intuitions pré-chrétiennes›, ‹Lettre à un religieux› (beide 1951) und ‹La source grecque› (1953).

Simone Weil weiß um das Faktum geschichtlicher Pervertierungen und Verzerrungen der christlichen Botschaft, sofern sie von politischen oder anderen Interessen instrumentalisiert wurde und nicht als Aufmerksamkeit dem Göttlichen gegenüber verstanden wurde. Auch der Ungeist nichtchristlicher Totalitarismen des 20. Jahrhunderts habe sich des Christli-

---

tesverständigung. Eine kommunikative Religionstheorie. Freiburg i. Br.: Herder, 2007, S. 16.
[100] Weil: Das Unglück und die Gottesliebe, S. 206.
[101] AaO, S. 207.

chen in seinen Fehlformen bemächtigt (Francoregime, religiöse Tendenzen der NS-Diktatur, die Verehrung des Duce in Italien ...). Auch die etablierten Kirchen und religiösen Gemeinschaften unterliegen der ideologiekritischen Analyse Weils. Die römische Staatsreligion, das Judentum wie die katholische Kirche sind in ihren geschichtlichen Konkretionen immer wieder der Gefahr des ‹Großen Tieres› unterlegen. «Aller Götzendienst gilt nur dem Großen Tier; es ist der einzige ‹ersatz› die einzige Nachahmung dessen, was unendlich von mir entfernt ist und was ich ist.»[102] Mit der platonischen Metapher des Großen Tieres bedenkt Weil ihre grundlegende Kritik an allem Institutionellen (Kirchen, Religionsgemeinschaften, Nationen, Parteien ...). Für Platon steht das Große Tier als Meinung der Vielen, wenn sie zusammentreten[103], d. h. für die gewaltige kollektive Meinung. Die Metapher des großen Tieres meint als Symbol die Gefahr jeder Institution, sich selbst absolut zu setzen und die eigenen ideellen Ziele einer reinen Machtausübung unterzuordnen.[104]

Die christlichen Kirchen des 20. Jahrhunderts haben die geschichtliche Bedeutung der Inkarnation des Christlichen in anderen Kulturen, Mentalitäten und Religionen nicht erkannt, sondern brandmarken diese als un- oder widerchristlich. Nach Simone Weil leidet die christliche Religion im 20. Jahrhundert unter einer dreifachen Entwurzelung: a) Die Entwurzelung des christlichen in den anderen Zivilisationen. Weil mahnt – fast prophetisch – die Entfremdung des Christlichen in einer wissenschaftlichen-technischen Weltzivilisation an. b) Die Einwurzelung des Christlichen in anderen Religio-

---

[102] Weil: Schwerkraft und Gnade, S. 214: Ersatz steht im Original (als Fremdwort im Französischen) klein geschrieben. Die französische Sprache übernahm, als Erfahrung beider Weltkriege im 20. Jh., das Wort ‹ersatz›, um einen von aussen kommenden (Krieg, Gewalt ...) Mangel zu bezeichnen.

[103] Platon: Politeia 493a.

[104] Als historische Beispiele dieser Gefahr nennt Weil z. B. das Faktum der christlichen Missionen sowie den Stalinismus in der UdSSR.

nen. c) Der immer größer werdende Abstand zwischen religiösem und profanem Leben in einer modernen Zivilisation.

Das Anliegen der religionsphilosophischen Betrachtung der christlichen Religion liegt für Weil darin, einen methodisch reflektierten Weg aufzuzeigen, der einer Einwurzelung des Christlichen in den drei genannten Bereichen entspricht. Mit anderen Worten: Weil geht von einem christlichen Universalismus aus. Das Christliche Simone Weils besteht für Reiner Wimmer darin, dass sich das Christliche als «im Glauben zu ergreifende Mensch- und Weltwerdung Gottes, durch die er sich die Menschheit und die Welt anverwandelt und in der er sich für uns als die Fülle des Guten und nicht als die Fülle der Macht erweist».[105] Dieser postulierte Universalismus der christlichen Religion im Sinne Simone Weils darf nicht postmodern als eine synkretistische Einheitsreligion verstanden werden, sondern muss als sakramentale Präsenz des Christlichen in den Religionen und Kulturen der Welt gelesen werden.[106]

Die religiöse Praxis des Menschen zielt auf eine Verwurzelung im Göttlichen und in der grenzenlosen Ausübung der Liebe. Die Religion als ein «Hinblicken»[107] kann nicht in Kirchen eingeschlossen bleiben, sondern muss sich in die Dialektik des Einwurzelns und der ‹décréation› einschreiben. Die Nächstenliebe, die Liebe zur Schönheit der Welt und die Liebe zur Religion sind jene Formen menschlichen Lebens, die Liebe zu Gott und die Liebe zu den anderen einschließen.

[105] Reiner Wimmer: Simone Weil interkulturell gelesen. Nordhausen: Traugott Bautz, 2007, S. 53.
[106] Zum Begriff des Sakramentalen bei Simone Weil siehe den Abschnitt ‹Sakrament› in diesem Buch, 77ff.
[107] Weil: Das Unglück und Gottesliebe, S. 213.

Attente – Glaube

Wird das Wort ‹Aufmerksamkeit/attente› in einem alltäglichen Sinne gebraucht, meint es eine Verhaltensweise, die mehr oder weniger immer unser Verhalten zu einem Gegenüber bestimmt. Simone Weil erschließt das Wort jedoch aus der Erfahrung. Die Aufmerksamkeit ist als Grundqualität der Wahrnehmung zu verstehen. Aufmerksamkeit erreicht die Tiefe des Menschen, deswegen soll sie schon in der Schule eingeübt werden. Was man in der Schule lernt, dient dem Wachstum jener Aufmerksamkeit. So schreibt sie in der Abhandlung über den rechten Gebrauch des Schulunterrichts und des Studiums im Blick auf die Gottesliebe:

> «Sucht man mit einer wahrhaften Aufmerksamkeit die Lösung eines geometrischen Problems, und ist man nach Verlauf einer Stunde nicht weiter als am Anfang, so ist man dennoch, während jeder Minute dieser Stunde, in einer anderen geheimnisvollen Dimension vorgeschritten. Ohne dass man es gewahr wird und ohne dass man es weiß, hat diese scheinbar vergebliche und unfruchtbare Anstrengung die Seele mit hellem Licht erfüllt.»[108]

Die ‹attente› hält den eigentlichen Denkakt in der Schwebe, beinhaltet das kritische Hinterfragen dessen, was als Realität wahrgenommen wird und meint letztlich einen tiefen Prozess der Denkaskese. Die Loslösung von der scheinbar wahren Realität beschreibt Weil sowohl als ‹décréation› als auch als Leiden. Das Moment der Dekreation wird als Abkehr von bestehenden, klassischen Denkmustern verstanden, um durch die erfahrene Leere hindurch zu einer (neuen) Erkenntnis zu kommen. Schmerzbereitschaft und Leiden sind für Weil ebenso Spezifika der ‹attente› wie die ‹décréation›. Um nicht der Bestimmung eines Lasttieres zu erliegen, muss die Menschenwürde immer wieder durch Ärger, Trauer, Wut und Ekel unter Schmerzen erkämpft werden. Diesen demoralisierenden Aspekt hat Simone Weil während ihrer Fabrikarbeit erlebt als

---

[108] Weil: Zeugnis für das Gute, S. 53.

sie sich einer mächtigen Maschine ausgeliefert sah und keinerlei Rechte mehr besaß. Um auf die erlebte Brutalität nicht
mit Unterwürfigkeit zu antworten, bleibt, so postuliert Simone
Weil, nur der Geisteszustand der ‹attente› als einzig legitime
Widerstandskraft.[109]

Die ‹attente› ist konstitutiv, um zu der «Nacktheit des
Ausdrucks» zu gelangen, der einzig zählt, um die Erfahrung
auf einen Begriff zu bringen.

«Das Ringen um den Ausdruck», so schreibt Simone Weil
an Gustave Thibon, «erstreckt sich nicht allein auf die Form,
sondern auf das Denken und das ganze innere Sein. Solange
die Nacktheit des Ausdrucks noch nicht erreicht ist, so lange
ist auch das Denken der wahren Größe noch nicht nahe gekommen, geschweige dass es sie berührt hätte.»[110]

Die Aufmerksamkeit ist ein neues, geniales Wort, das dem
biblischen Wort ‹harren› und dem Verhalten der ‹klugen
Jungfrauen› im jesuanischen Gleichnis entspricht. Die Aufmerksamkeit legt keine Richtung fest, sie kann sich nach
außen, innen, oben, unten, auf Dinge, Tiere, Menschen und
Gott richten. Aufmerksamkeit bricht die Selbstverschlossen-
heit des Menschen auf. Sie ist hingeordnet auf ein anderes,
ein Gegenüber, ist Beziehung. Sie ist eine Kraft, die der me-
chanischen Energie vergleichbar, immer arbeitet, nie zum
Stillstand kommen kann und deshalb durch die Leere hindurch zum wahren Sein gelangen kann. Für Karl-Dieter Ulke
ist die Denkfigur der ‹attente› der «Spürsinn für Wirklichkeit,
dem nichts Wesentliches entgeht»[111]. Die Aufmerksamkeit beginnt beim alltäglichen Tun, bei Dingen und Menschen, die

[109] In ihrem Brief an Joë Bousquet (1942!) bekennt Simone Weil:
«Was mich aufrecht hielt, war der mit vierzehn Jahren erwor-
bene Glaube, dass keine Anstrengung wirklicher Aufmerksamkeit jemals vergeblich ist, selbst wenn weder mittelbar noch unmittelbar je ein Resultat zu erblicken ist.» (Weil: Zeugnis für das
Gute, S. 139).
[110] Weil: Schwerkraft und Gnade: Nachwort, S. 246.
[111] Karl-Dieter Ulke: System und Befreiung bei Simone Weil. In:
Zeitgeschichte 7 (1980), S. 193–208, 201.

wir ‹wahr-nehmen›, aus ihrer Mitte ihrem Wesen heraus. Die Philosophin Maja Wicki-Vogt beschreibt die Aufmerksamkeit wie folgt: «Die Aufmerksamkeit besteht darin, das Denken in der Schwebe zu halten, in einer Spannung der Empfänglichkeit und völligen Durchlässigkeit für das Licht. Voraussetzung hierfür ist ein verstandesmäßiger Prozess der Denkaskese, der Loslösung von Denkinhalten (‹exercice de détachement par l'intelligence›), ein kritisches Befragen dessen, was als Realität erscheint, in Wahrheit jedoch eine Transposition unseres eigenen Ichs in die Dinge ist.»[112] Die Aufmerksamkeit gelingt nur, wenn der Mensch selbst aus seiner Mitte lebt.

Die Aufmerksamkeit hat eine ethische Komponente, denn sie verlangt und fordert eine In-Dienstnahme dessen, der aufmerksam ist. Die Erfahrungen der Entfremdung der Arbeit, die Simone Weil während ihrer Fabrikarbeit machte, werden in den Begriff der Erwartung aufgenommen. Durch die Aufmerksamkeit befreit sich der Mensch von seiner Einbildungskraft, von seinen Phantasmen und Projektionen. Aus der Aufmerksamkeit entsteht ein Schauen, ein Verlangen nach Wahrheit. Der Mensch, der aufmerksam ist, ist frei und lebt wahr-haftig. Der aufmerksame Mensch hat Durst nach der Wahrheit. Er ist, so schreibt die Philosophin, selbst Durst. Wer die Wahrheit sucht, bekommt keine Steine. Er kann die Wahrheit finden. Philosophie versteht Simone Weil auch als Weisheit, als Lebensphilosophie.

Der Begriff der ‹attente› hat bei Simone Weil nicht nur die erkenntnistheoretische Komponente, sondern auch einen religiösen und spirituellen Gehalt. Die ‹attente› ist Grundlage für das spirituelle Leben. Es meint die Unterordnung unter das Joch der Zeit und die Passivität des tätigen Denkens.

> «So vergehen in der Stille einige Minuten der Erwartung. Das Herz entleert sich aller seiner Bindungen, versteinert im Angesicht des bevorstehenden Todes. Ein neues Leben wird empfan-

---

[112] Maja Wicki-Vogt: Simone Weil. Eine Logik des Absurden. Bern/ N.Y.: Lang Verlag, 1983, S. 50f.

gen, das nur noch aus Barmherzigkeit gemacht ist. [...] Die Erwartung ist die Grundlage des geistigen Lebens.»[113]

Die ‹attente› meint den paradoxen Umschlag des passiven Wartens in ein aktives Er-Warten, erstreckt sich in letzter Radikalität auf Gott und kann als Moment des Glaubens als subjektiver Pol der Gott-Mensch-Beziehung verstanden werden.

«Gott ist die Aufmerksamkeit ohne Ablenkung. Man muss die Erwartung und die Demut Gottes nachahmen.»[114]

Vom Subjekt her ist die ‹attente› als Sammlung, Erwartung, Bereitschaft, als religiöse Aufmerksamkeit, als Verfügung, Loslösung, Abtötung des Ich, Ent-schaffung (=decréation), Entäußerung oder Leere zu umschreiben. Aufmerksamkeit ist das wahre Wesen der Welt. Die Mysterien der katholischen Religion wie die Mysterien anderer Religionen sind für Weil eine Quelle an Wahrheiten im Blick auf die Condition humaine, denen der menschliche Geist seine Zustimmung zu geben hat.[115]

Das Wesen des Gebetes besteht in der Aufmerksamkeit. «Die Aufmerksamkeit ist auf ihrer höchsten Stufe das gleiche wie das Gebet.»[116] Aus einer solchen Aufmerksamkeit entspringen Gottes- und Nächstenliebe. Der Mensch kann durch die anthropologische Denkfigur der ‹attente› seine Vorbehalte gegen das Beten, Simone Weil denkt dabei an die Vorwürfe der Projektion und Illusion der modernen Religionskritik, ernst nehmen und zu einem neuen Zugang zum religiösen Akt des Betens gelangen.

«Da das Gebet nichts anderes ist als die Aufmerksamkeit in ihrer reinsten Form und da jedes Studium eine Gymnastik der Aufmerksamkeit darstellt, so soll jede Schulübung ein Widerschein des geistlichen Lebens sein.»[117]. Die Aufmerksamkeit im Gebet ermöglicht eine christliche Sicht auf unser

[113] Weil: Connaissance surnaturelle, S. 44.
[114] AaO, S. 92.
[115] Vgl. Weil: Aufzeichnungen II, 73.
[116] AaO, 104.
[117] Weil: Schwerkraft und Gnade, S. 218.

Dasein. «Das Wesen des Gebetes besteht in der Aufmerksamkeit. Dies liefert uns den Schlüssel zu einer christlichen Konzeption des Studiums. Im Gebet richtet die Seele alle Aufmerksamkeit, deren sie fähig ist, auf Gott, und die Beschaffenheit des Gebetes hängt zu einem großen Teil von der Beschaffenheit der Aufmerksamkeit ab.»[118]

Simone Weil befasst sich eingehend mit dem neutestamentlichen Text des Vaterunsers, denn ihre ‹Betrachtungen über das Vaterunser› stellen keine Exegese des Textes dar. Sondern sie sprechen methodologisch über eine Schule des Gebetes, das den lebensverändernden Charakter des Gebetes beim Betenden reflektiert.[119] Diese Reflexion über das jesuanische Herrengebet steht in einem engen Zusammenhang zum Begriff der ‹attente›, der als Konzentration und Aufmerksamkeit als Initiation in das Wesentliche begriffen werden kann. Diese so verstandene Aufmerksamkeit des Gebetes erweist sich als genuiner Ort der Gottesbegegnung. Das Vaterunser versteht Simone Weil als eine Summe der menschlichen Fähigkeit des Betens schlechthin.

> «Dieses Gebet enthält alle je möglichen Bitten; man kann kein Gebet ersinnen, das nicht schon darin beschlossen wäre. Es ist als Gebet, was Christus als Mensch ist. Es ist unmöglich, es einmal zu sprechen und dabei auf jedes Wort die Fülle der Aufmerksamkeit zu richten, ohne dass in der Seele eine vielleicht unendlich kleine, aber wirkliche Veränderung bewirkt wird.»[120]

Wir Menschen leben in Raum und Zeit, aus der sich Gott zurückgezogen, entleert hat. Gott ist nicht in der Zeit, sondern jenseits der Zeit. Aber er wartet wie ein Bettler, der reglos und schweigend vor jemanden steht, der ihm vielleicht ein Stück Brot geben wird. Mit anderen Worten: Im «Mysterium der Zeit» offenbart sich das Mysterium Gottes.[121]

[118]   Weil: Zeugnis für das Gute, S. 52.
[119]   Vgl. Betrachtungen über das Vaterunser. In: Weil: Zeugnis für das Gute, S. 63–73.
[120]   Weil: Zeugnis für das Gute, S. 73.
[121]   Weil: Aufzeichnungen II, 159; 202.

Simone Weil praktiziert diese Aufmerksamkeit in ihrem persönlichen Umfeld, setzt sie als Grundlage ihrer pädagogischen Arbeit. Ebenso entpersonalisiert sie die erniedrigende Erfahrung der Fabrikarbeit durch das Moment der ‹attente› und erfährt dadurch das Leid und die Tragik der proletarischen Existenz im rüden Kapitalismus in gesteigerter Weise.

Der Glaube

Die ‹attente› als anthropologische Denkfigur des theologischen Begriffs des Glaubens umfasst den ganzen Menschen in seinem Denken, Handeln und Fühlen. Die Aufmerksamkeit bricht die Verschlossenheit des Menschen auf, öffnet die Selbstbezogenheit und Verschlossenheit des Menschen, weil es auf die anderen hingeordnet ist. ‹Attente› zerstört die Ichhaftigkeit des Menschen, die ihn immer wieder gefangen hält. Somit kann Weil den Vergleich mit einem Begriff aus dem Hinduismus ziehen: «So aufmerksam sein, dass man keine andere Wahl mehr hat. Dann kennt man sein dharma.»[122]

Mit der Liebe meint sie ausschließlich die Veranlagung des Menschen zum Übernatürlichen, während das Moment des Glaubens als Ort der Gott-Mensch-Beziehung verstanden wird. Der Glaube befähigt den Menschen zum Denken und Erfahren der Transzendenz.

Den Glauben versteht Simone Weil im Rahmen ihrer Theorie der verschiedenen Lesarten als eine mögliche Lektüre der Welt. Der Glaube ist eine Gabe, die die Voraussetzung schafft für eine übernatürliche Lesart der Welt und der menschlichen Handlungen.

«Die Gabe des Lesens ist übernatürlich, und ohne diese Gabe gibt es keine Gerechtigkeit. Verstehen dieser höchsten Wirklichkeit, dieser Abwesenheit eines Gegenstandes, der der Gegenstand der Liebe ist, und Lesen dieser Wirklichkeit in allen Gegenständen zusammen und in jedem einzelnen für sich. Voraussetzung

---

[122] AaO, II, 104.

für den Gehorsam, der die Gerechtigkeit ist. Der Glaube besteht in Bezug zum Lesen und die Nächstenliebe zur Schwerkraft.»[123]

Der Glaube ist ein Mysterium, der das menschliche Begreifen übersteigt, der Mensch kann sich aber im Glauben Gott nähern und ihn bejahen (‹Amen›). «Glaube. Glauben, dass nichts von dem, was wir begreifen können, Gott ist.»[124]

Unglaube und Atheismus

Die Besprechung des Glaubens in dem Gedanken Weils bliebe unvollständig, würde nicht auch das Moment des Unglaubens und des Atheismus mitbedacht werden. Simone Weil weiß um die Schwierigkeit des modernen Menschen, glauben zu können. Die Erfahrung des Zweifelns und des Nichtglaubens gehören für sie zum Glaubensvollzug in seiner existenziellen Weise konstitutiv dazu. Dieses existenzielle Moment des Glaubens wird in ihren religionsphilosophischen Schriften unter dem Aspekt des Atheismus in immer neuen Gedankengängen reflektiert. Die Momente der Tröstung durch den Glauben sowie die moralisierende Auffassung des Glaubens werden von Weil als Fehlformen des Glaubens verstanden, die einerseits psychologischen Bedürfnissen als auch erkenntnistheoretischen Ansprüchen von uns Menschen entsprechen und nichts mit dem personalen Glauben als einem ganzheitlichen Akt des Wagnisses zu tun hat.

Das Phänomen des Atheismus versteht Simone Weil im Sinne ihres Lehrers Alain in einer zweifachen Perspektive. Einerseits ist der methodische Atheismus Voraussetzung einer objektiven Wissenschaftlichkeit, der das Bedenken eines Göttlichen als philosophische Aufgabe betrachtet. Bei dieser methodischen Annäherung kann (und darf) sich nicht auf die Annahme eines Offenbarungsverständnisses gestützt werden. Andererseits wird der Atheismus auch als ein Konstitutivum des Glaubensvollzugs verstanden, insofern der methodische

---

[123] AaO, 126.
[124] AaO, 127.

Atheismus als Katharsis auf den Glauben des Individuums wirken kann. In Folge einer biblisch begründeten Prophetenkritik an einer veräußerlichten religiösen Praxis (vgl. z. B. Hosea 6,10 und des reformatorischen Vorbehaltes einer wie immer gearteten Institutionalisierung des Glaubens, die dem ‹sola scriptura›-Prinzip widerspricht, verhilft der methodische Atheismus zu einem authentischeren Glauben.[125]

Glaubensrede von Gott, zweifelnde und fragende Suche nach Gott, radikale Kritik an der Gottesrede artikulieren sich – schultheologisch klassisch formuliert – im normativen Diapositiv negativer und positiver Theologie. Simone Weil geht einen Schritt weiter, wenn sie in ihren religionsphilosophischen Überlegungen unter den Bedingungen der Moderne, die Rede von Gott angesichts des Schweigens Gottes, der Gottesverlassenheit und des Zweifels an Gott thematisieren will.

Aus dem bereits Gesagten wird verständlich, dass sich das wahre und authentische Gottesverständnis nur in der Mystik finden kann, denn hier ist der Glaube von allen falschen Vorstellungen, Verzerrungen und Pervertierungen befreit und durch den Atheismus reflexiv geläutert worden.

> «Der wahre Geist des Christentums ist glücklicherweise durch die Mystik erhalten geblieben. Außerhalb der reinen Mystik aber hat der römische Götzendienst alles verunreinigt. Götzendienst darum, weil es die Art der Anbetung ist, und nicht der Name, der ihrem Gegenstand beigelegt wird, was den Götzendienst von der Religion unterscheidet.»[126]

Die Frage des Glaubens wird bei Simone Weil mittels des neuzeitlichen Phänomens des Unglaubens und des Nicht-Glauben-Könnens betrachtet. Ein unkritischer Glaube ist für

---

[125] Diesen Aspekt der Religionskritik nimmt ebenfalls der französische Philosoph Paul Ricœur in seinen religionsphilosophischen Arbeiten auf, vgl. zum Beispiel: Die Interpretation. Ein Versuch über Freud. Frankfurt/M: Suhrkamp 1974; ders./Alasdair MacIntyre (Hg.): Die religiöse Kraft des Atheismus. Freiburg i. Br./ München: Alber, 2002.

[126] Weil: Einwurzelung, S. 403.

sie Ausdruck der Götzendienerei. Der Vernunft fällt der Glaube nicht leicht. So sagt Simone Weil von sich, dass sie die Weigerung, nicht zu glauben, aus der Vernunft heraus tat.[127]

[127] Vgl. Weil: Zeugnis für das Gute, S. 89f. 131f.

Gott

Die Gottesfrage wird heute kontrovers behandelt. Einerseits scheint sie durch die Geistesgeschichte der letzten zweihundert Jahre erledigt zu sein, andererseits wurden Pro und Contra Gottes angesichts der Umbrüche in der globalisierten Welt neu verhandelt.

> «Was ist [...] aber der Grund, nach Gott zu fragen in einer Zeit, wo das Ziel der Aufklärung, Gott zu dekonstruieren, allen intellektuellen Reiz verloren hat: Dass Gott tot sei, ist vom elitären Geheimnis zur gemütlichen Binsenwahrheit geworden. Wenn hier zunächst danach gefragt wird, wer Gott heute theologisch ist, dann entspringt dies nicht dem verbreiten Empfinden für mehr innerweltlichen Sinn, auf den sich die Praxis sogar der katholischen Kirche immer stärker ausrichtet; sondern die Frage entspringt der Neugierde, in welcher Weise diese geistige Urkategorie, die kulturell und institutionell immer noch Gewicht hat, heute theoretisch begründbar ist. Am Faktum des Religiösen ist nicht zu zweifeln, an der Realität Gottes schon. Vor hundert Jahren wurde der Zweifel subtil begründet. Heutzutage ist er banal.»[128]

Der Umschwung der geistesgeschichtlichen Landschaft und hermeneutischen Situation ist für Denkende von einigem Gewicht. Rede zu/von Gott – das gibt (heute noch) zu denken!

Die Rede von Gott stößt an die Grenzen der menschlichen Vernunft. Die philosophische Gotteslehre trägt die Vernunft an ihre äußersten Grenzen. Die nie zum Ende kommende Suche nach Gott illustriert Simone Weil mittels des Bildes eines Dorfnarrens:

> «Ein Dorfnarr, im buchstäblichen Sinn des Wortes, der die Wahrheit wirklich liebt, wenn er auch nie etwas anderes als nur ein Stammeln von sich gäbe, ist durch das Denken dem Aristo-

---

[128] Merkur. Deutsche Zeitschrift für europäisches Denken. Sonderheft: Nach Gott fragen. Über das Religiöse. Heft 9/10 (September/Oktober) 53 (1999), S. 769.

teles unendlich überlegen. Er ist Platon unendlich viel näher, als Aristoteles es jemals war.»[129]

Simone Weils Weg, Gott zu denken schreibt sich in die Tradition der philosophischen Gotteslehre ein, d. h. sie geht in ihrer Rede von Gott nicht von heiligen und normierenden Schriften einer Religionsgemeinschaft aus. Sie liefert uns Fragmente einer Religionsphilosophie unter den Bedingungen der Moderne, insofern sie bewusst den Anfang ihrer Reflexionen beim Agnostizismus nimmt. Eine autobiographische Notiz gibt dazu Aufschluss:

> «Ich kann sagen, dass ich mein ganzes Leben lang niemals, in keinem Augenblick, Gott gesucht habe. Hierin liegt vielleicht auch der, gewiss allzu subjektive Grund, warum dies ein Ausdruck ist, den ich nicht liebe und der mir falsch erscheint. Seit meiner Jugend war ich der Ansicht, dass das Gottesproblem ein Problem ist, dessen Voraussetzungen uns hienieden fehlen, und dass die einzige sichere Methode, eine falsche Lösung zu vermeiden […] darin besteht, sie nicht zu stellen. Also stellte ich es nicht. Ich bejahte weder, noch verneinte ich.»[130]

Während ihrer Studienzeit beschäftigt sich Simone Weil in der philosophischen Gotteslehre nur unter theoretischen Aspekten mit diesem Thema. In einer ihrer frühen Arbeiten, abgefasst in der Philosophieklasse Alains, über die Freiheit (‹Fragments sur la liberté›, 1926) schreibt sie Folgendes:

> «Ich kann mit mir übereinkommen, meine eigene Freiheit Gott zu nennen. Diese Übereinkunft hat den Vorteil, mich von jedem Objekt-Gott zu befreien und vorauszusetzen, dass der Modus der Realität Gottes nicht die Existenz und auch nicht die Wesenheit ist, sondern das, was Lagneau ‹Wert› nennt. Ebenso ist klar, dass Gott, wäre und existierte er nicht, weniger wäre als ein Abstraktum, denn ein Abstraktum wird zumindest gedacht, wogegen Gott nicht gedacht werden kann. Wenn nun aber meine

---

[129] Weil: Cahiers de Londres. In: Dies.: Œuvres complètes VI, Paris: Gallimard, 2006, S. 385f.

[130] Weil: Das Unglück und die Gottesliebe, S. 104f.

Freiheit Gott ist, ist und er existiert jedes Mal, wenn meine Freiheit sich in meinen Gedanken und Bewegungen bekundet, d. h., jedes Mal, wenn ich denke. Aber das ist nichts anderes als eine Frage der Wortwahl, und mit diesem Gott bin ich genauso einsam wie ohne ihn.»[131]

Diese Aussage Weils kann in ihrem Denken zugleich als methodischer Zugang zur Gottesfrage verstanden werden. Die mystischen Erfahrungen der späteren Jahre werden in ihren religionsphilosophischen Schriften ‹ent-personalisiert›, um einen reflexiven Zugang zur Gottesfrage für den modernen Menschen zu gewinnen. Gott ist der ganz andere. «Von Gott können wir nur eines wissen: dass er das ist, was wir nicht sind. Dies erkennen wir allein im Bilde unseres Elends. Je mehr wir dieses betrachten, je mehr betrachten wir ihn.»[132]

Als Schülerin von Alain geht sie von der Fragestellung Kants aus, die Religion im Rahmen der natürlichen Vernunft zu bedenken und verbindet diese erkenntnistheoretische Prämisse mit ihrer Platon-Lektüre. «Die Weisheit Platons ist keine Philosophie, keine Suche nach Gott mit den Mitteln menschlicher Vernunft. Eine solche Suche hat Aristoteles so gut wie nur möglich beschrieben»[133]

Die Gottesfrage geht Weil ‹von unten› an, d. h. sie stellt ihre Überlegungen in einen anthropologischen und ethischen Kontext. Auf Grund der platonischen Elemente in ihrer Philosophie kann Simone Weil Gott mit dem Schönen gleichsetzen. Die göttliche Schönheit ist den menschlichen Sinnen zugänglich. Die Interpretation des ‹Timaios› zeigt, dass die für die Sinne erfassbar wiedergegebene Schönheit Gottes die Schönheit der Welt ist, d. h. diese irdische Schönheit ist mit der transzendenten Schönheit namensgleich. Das irdisch wahrnehmbare Schöne spiegelt die absolute, transzendente Schönheit. «Das absolut Schöne ist etwas ebenso Konkretes wie die sinnlich wahrnehmbaren Dinge, etwas, das man sieht,

---

[131] Weil: Œuvres complètes. Vol. I: Premiers écrits philosophiques. Paris: Gallimard, 1988, 89–91, 90.
[132] Weil: Schwerkraft und Gnade, S. 167.
[133] AaO, S. 79.

aber mit der übernatürlichen Schau.»[134] Diese Wahrnehmung des Schönen zeigt sie in der Art einer Offenbarung, die letztlich die Beschreibung einer mystischen Erfahrung darstellt. «Die Schönheit der Welt ist die Gottes selbst, wie die Schönheit des Körpers eines menschlichen Wesens die dieses Wesens selbst ist.»[135]

So verhilft Platon Simone Weil, einen biographischen Grundzug zu erden: Er ist für sie Garant einer möglichen Einheit mystischer Erfahrung und philosophischer Reflexion. Die Suche nach Gott liegt somit grundsätzlich außerhalb der menschlichen Vernunft. Die Suche nach Gott geht von der Erfahrung einer Wirklichkeit aus, deshalb kommt der Liebe eine wesentliche Bedeutung im Denken Weils zu. Die Rolle, die Platon der Liebe zuweist, ist nicht das Indiz einer irrationalen Bewertung der Gefühle oder der Innigkeit, sondern zeugt von der Kenntnis der Grenzen, die unseren ek-statischen Vorgängen als auch unserer Vernunft zu Eigen sind. Darin erweist sich Simone Weil als Kantianerin; bezüglich der Theorie der zwei Ursachen sieht Weil eine Konvergenz von Platon zu Kant. Der platonischen Schrift ‹Timaios› wird die Unterscheidung zwischen notwendiger und göttlicher Ursache entnommen. Dieser Gedanke wird aber in einer metaphysischen Perspektive gelesen. Die Lektüre des ‹Timaios› verhilft Weil, die notwendige Ursache des Werdens der dinglichen Welt zuzuordnen, während die göttliche Ursache in der Gegenwart des Idealen sichtbar wird. Kant analysiert in seiner Antinomienlehre in der dritten Antinomie menschliches Handeln in der Erscheinungswelt folgendermaßen: Handeln lässt sich durch ‹Notwendigkeit› oder durch ‹Freiheit› erklären. Die Notwendigkeit des Handelns ergibt sich durch die Naturkausalität, die freiheitliches Handeln ausschließt; Freiheit muss als Wirkursache des Handelns angenommen werden, damit es als moralisches Handeln zu verstehen ist. Beides – Verursachung durch Naturkausalität und Verursachung durch Freiheit – ist nach Kant denkbar (und denknotwendig)

[134] Weil: Vorchristliche Schau, S. 81.
[135] AaO, S. 84.

und bedingt den antinomischen Charakter der reinen Vernunft. Die Urteilskraft, so Kant in seiner Schrift ‹Kritik der Urteilskraft›, vermittelt zwischen den Bereichen der Natur und der Freiheit (und sichert somit die Einheit der Vernunft). Eine solchermaßen gedachte Vermittlung ist notwendig, da Freiheit sich im Handeln, in der Natur verwirklichen muss. Nun sind Erscheinungen, die durch die Freiheit initiiert werden, für Kant als gut oder schlecht zu werten. Bei Weil hingegen bleiben die Erscheinungen neutral; selbst das Leiden und das Übel, die hieraus erwachsen mögen, sind moralisch nicht zu werten.

Die Frage nach der Beurteilung der göttlichen Ursache zeigt eine wesentliche Differenz zwischen Kant und Weil. Geht Kant davon aus, dass die Erscheinungen gut oder schlecht sind, kann für Weil die göttliche Ursache nur das Gute und die Liebe sein. Spricht Kant in seiner dritten Antinomie nur von solchen Handlungen, die moralisch qualifizierbar sind, handelt es sich bei Weil um eine metaphysische Erklärung des gesamten Universums, gemäß zwei umfassenden Sphären: der Notwendigkeit oder dem Sein zum einen und dem Guten zum anderen. Mit anderen Worten: Weil spricht von zwei Momenten in Gott und von zwei Seiten des Realen. Diese Reflexion erlaubt nun einen Perspektivenwechsel im Blick auf die Rede von Gott, da beide Richtungen der Gottesliebe (als gen. subjectivus und als gen. objectivus) in Eins gesetzt werden.

Die Erkenntnis Gottes kann von uns Menschen nicht mehr unter den Prämissen der klassischen Metaphysik gemacht werden.

«Wir müssen durch die unendliche Dichte von Raum und Zeit hindurch – aber Gott zuerst, um zu uns zu gelangen; denn er kommt als erster. Von allen Beziehungen zwischen Gott und dem Menschen ist die Liebe die Größte. Sie ist so groß wie der Abstand, der zu überwinden ist. Damit die Liebe die größtmögliche sei, ist der Abstand der größtmögliche.»[136]

---

[136] Weil: Schwerkraft und Gnade, S. 128.

Augustinisch gedacht, versteht Simone Weil den Menschen als auf steter Gottessuche.

> «Gott erschöpft sich, damit er, durch die unendliche Dichte von Zeit und Raum hindurch die Seele erreiche und zu sich verführe. Lässt sie sich, und sei es nur auf eines Blitzes Dauer, eine reine und völlige Einwilligung entreißen, dann hat Gott sie erobert. Und ist sie dann völlig ein Ding geworden, das nur ihm angehört, so verlässt er sie. Er lässt sie ganz allein. Und nun muss die Seele ihrerseits, doch in einem blinden Tasten, die unendliche Dichte von Zeit und Raum durchmessen, auf der Suche nach dem, den sie liebt. So legt die Seele nun in umgekehrter Richtung den Reiseweg zurück, auf dem Gott zu ihr gekommen war. Und dies ist das Kreuz.»[137]

Die anthropologisch gewendete Gotteslehre Weils manifestiert sich, wenn sie schreibt, dass Gott sich zu uns Menschen bewege. Gott als das universale Sein steigt in das Besondere hinab. Das Universale teilt sich im Partikularen geschichtlich mit. In dieser Abstiegsbewegung Gottes wartet Gott auf die Menschen:

> «Was unten ist, gleicht dem, was oben ist. Daher ist die Sklaverei ein Gleichnis des Gehorsams gegen Gott, die Demütigung ein Gleichnis der Demut, die physische Notwendigkeit ein Gleichnis des unwiderstehlichen Antriebs der Gnade, die Hingabe der Heiligen an das tagtägliche Geschehen ein Gleichnis der Zerstückelung der Zeit [...] Das, was in uns niedrig ist, steige herunter, damit das, was erhaben ist, hinaufsteigen könne.»[138]

Die anthropologisch gewendete Rede der Liebe Gottes erlaubt, von verschiedenen Modi der ‹Liebe Gottes› zu sprechen. Simone Weil unterscheidet zwischen einer Form der expliziten Liebe Gottes und vier Formen impliziter Liebe, die als ‹Aufstiegsbewegungen der Seelen› zu verstehen sind, bevor man zur expliziten Liebe gelangt, der ‹unmittelbaren Berührung› mit der Person Gottes selbst.

---

[137] AaO, S. 126.
[138] AaO, S. 50f.

Als Objekt der impliziten Liebe nennt Weil Liturgie, Schönheit der Welt, die Nächsten und die Freundschaft. Alle diese vier Formen komplexer Liebe können als Vorstadien der Liebe zu Gott gelebt und verstanden werden. Auch wenn sich die explizite Liebe Gottes manifestiert, verlieren die anderen Formen nichts von ihrem Wert und haben weiterhin Bestand. Wenn ein Mensch die Wahrheit dem Leben vorzieht, wenn er «auf unbestimmte Zeit beharrlich ablehnt, seine ganze Liebe in Dinge zu investieren, die ihrer nicht würdig sind, d. h. alle irdischen Dinge ohne Ausnahme [...], wird Gott eines Tages zu ihm kommen. So wie Elektra vor Orest, wird er Gott sehen, hören, umschlingen.»[139] Umgekehrt wird dieser Mensch «von Gott ergriffen werden».[140] Gott wird die Seele des Menschen in Besitz nehmen.[141] In dieser Erfahrung manifestiert sich aber auch ein Moment der Leere. Nur wer die Leere erträgt, erträgt auch Gott. Die Erfahrung Gottes realisiert sich auf der Matrix der Gegensatzpaare ‹sinnlich/nicht-sinnlich› und ‹erfüllt/leer›.

«Gott ist die reine Schönheit: Dies ist unverständlich, denn die Schönheit ist von ihrem Wesen her sinnlich. Von einer nicht sinnlichen Schönheit zu sprechen, kommt einem Missbrauch der Sprache gleich für einen jeden, der Anspruch auf eine gewisse Strenge erhebt; und dies zu Recht. Die Schönheit ist immer ein Wunder. Aber sie ist ein Wunder zweiten Grades, wenn nämlich eine Seele einen Eindruck nicht sinnlicher Schönheit empfängt, wenn es sich nicht um eine Abstraktion, sondern um einen wirklichen und direkten Eindruck handelt wie der, den ein Gesang im Moment hinterlässt, wo er vernommen wird. Aller erfolgt so, als ob der Sinnlichkeit selbst durch die Wirkung einer wunderbaren Gunst offenbar geworden sei. Dass die Stille nicht Abwesenheit von Tönen, sondern eine unendlich wirklichere Sache ist und der

---

[139] Weil: Pensées, S. 43.
[140] Ebd.
[141] Weil: Attente de Dieu, S. 208. In diesem Zusammenhang kommt Weil auf die Metaphorik der bräutlichen Liebe im mystischen Diskurs zu sprechen, vgl. dies.: La connaissance surnaturelle, S. 205.

Ort einer vollkommenen Harmonie als die schönste deren eine Tonkomposition fähig ist. Und dennoch gibt es Grade der Stille. Es gibt eine Stille in der Schönheit des Universums, die wie ein Lärm ist im Vergleich zur Stille Gottes.»[142]

In diesen Ausführungen zeigt sich erneut der Einfluss Platons auf die Gedanken Simone Weils. In ihrem Aufsatz ‹Descente de Dieu› gibt Simone Weil explizit einen Kommentar zur Schrift ‹Gastmahl›. Die Frage nach der Mystik ist bei der französischen Philosophin niemals von der Frage nach dem Schönen zu trennen. Die übernatürliche Schau, die ‹visio›, wird mit der Liebe identifiziert. Das absolut Schöne ist etwas ebenso Konkretes wie die sinnlichen Gegenstände, etwas, das man sieht, aber durch die übernatürliche Schau. Nach einer langen spirituellen Vorbereitung hat man Zugang zu ihm durch eine Art Offenbarung, eine Art Riss:

«Plötzlich wird er eines wundersamen Schönen gewahr werden. […] Derjenige, der das absolute Schöne durch das einzige Organ, mit welchem er es wahrzunehmen vermag, sieht, nämlich durch die übernatürliche Liebe, der verbirgt einen Schatz und sein Herz vor dem Zugriff jeglichen Übels.»[143]

Diese ‹übernatürliche Liebe› nennt Simone Weil auch eine ‹göttliche Liebe›, «die man im tiefsten Unglück berührt, wie die Auferstehung Christi über die Kreuzigung, und die das nicht sinnliche Wesen und den zentralen Kern der Freude ausmacht.»[144]

Es ist nun auf den personalen Charakter der Liebe Gottes zu Sprechen zu kommen. Gott ist eine «unpersönliche Person», die liebt, «nicht weil ich ihn liebe, sondern wie ein Smaragd grün ist».[145] Die göttliche Liebe kann in der Schönheit der Welt und im Unglück zum Menschen sprechen. Die Beziehung der Schönheit der Welt zu Gott ist eine mystische Relation, denn sie beinhaltet nichts Rationales. Es kommt für

---

[142] Weil: Intuitions pré-chrétiennes, S. 9–171, 85f.
[143] AaO, S. 89f.
[144] Weil: Pensées, S. 83.
[145] Weil: La connaissance surnaturelle, S. 77.

Simone Weil dabei auf die Richtung, die Relation der Gefühle an. Die Liebe ist nicht so sehr ein Ausdruck der Gefühle, sondern eine Ausrichtung der Seele.[146]

Die Liebe Gottes durchquert die Unendlichkeit des Raumes und der Zeit. In der Liebe Gottes, wie der Mensch Gott liebt, siedelt sich Gott außerhalb der Sinnlichkeit an. Der Mensch tritt in seiner Gottes-Liebe aus sich heraus, obgleich sich diese Erfahrung wiederum im Sinnlichen anzeigt. Deshalb erfährt das Verhältnis von Person zu Person eine Veränderung. Mit dieser Erklärung versteht sich folgender paradoxer Satz: «Nicht an uns ist es, Gott zu lieben. Gott möge sich selbst durch unsere Mithilfe lieben.»[147]

Gottes- und Nächstenliebe bilden eine unaufhebbare Einheit. Eros, Agape und Caritas sind Momente der einen Liebe, die die Menschen befähigt zu lieben. «Die Aufmerksamkeit ist nicht nur der wesentliche Gehalt der Gottesliebe. Auch die Nächstenliebe, von der wir wissen, dass sie die gleiche Liebe ist, ist aus dem gleichen Stoff gemacht.»[148]

Das Einssein mit der göttlichen Liebe beschreibt Weil in Bildern des Lichtes, der Stimme, des Schmeckens, der Umarmung, des Duftes usw. Der (weibliche wie männliche) Mensch lebt, darauf legt Weil ihren Akzent, immer sinnlich. So schreibt sie im Blick auf die mystische Erfahrung Gottes:

> «Den Mystikern vorzuwerfen, sie liebten Gott mit der Kraft der sexuellen Liebe, das ist so, als würde man einem Maler vorwerfen, Bilder mit Farben zu malen, die aus materiellen Substanzen bestehen. Wir haben nichts anderes, womit wir lieben können.»[149]

Die Verifikation der Nächstenliebe offenbart sich am Phänomen des Leidens und Unglücklichseins. Die Nächstenliebe fragt aufmerksam nach dem Leiden der anderen.

[146] AaO, S. 120.
[147] Weil: Œuvres complètes. Cahiers. VI/2, S. 389.
[148] Weil: Zeugnis für das Gute, S. 61.
[149] Weil: Aufzeichnungen III, 152.

«Die Fülle der Nächstenliebe besteht einfach in der Fähigkeit, den Nächsten fragen zu können: ‹Welches Leiden quält dich?› Sie besteht in dem Bewusstsein, dass der Unglückliche existiert, nicht als Einzelteil einer Serie, nicht als Exemplar der sozialen Kategorie, welche die Aufschrift ‹Unglückliche› trägt, sondern als Mensch, der völlig unseresgleichen ist und dem das Unglück eines Tages einen unnachahmbaren Stempel aufgeprägt hat.»[150]

In den Betrachtungen über die Einheit der Gottes- und Nächstenliebe fragt sich Simone Weil auch nach der Personalität des christlichen Gottesverständnisses. Einerseits weiß sie um die personale Du-Anrede der jesuanischen Gebetspraxis, andererseits kennt sie den religionswissenschaftlichen Tatbestand der Apersonalität göttlicher Rede in den verschiedenen Religionen. Die radikale Suche nach der Anrede Gottes im Gebet weitet für Weil die Reflexion über die Personthematik. Die Person Gottes eröffnet sich in der Dialektik von Person/Nicht-Person dem Menschen in seiner sinnlichen Erfahrung.

«Gott allein hat das Recht zu sagen: ‹Ich bin›. ‹Ich bin› ist sein Name und nicht der Name irgendeines anderen Seienden. Aber dieser Verzicht besteht darin, dass man seine eigene Position als Zentrum der Welt nun in Gott verlagert. [...] Das ‹Ich bin› Gottes, das wahrhaft ist, unterscheidet sich unendlich vom illusorischen ‹Ich bin› des Menschen. Gott ist keine Person in dem Sinne, wie der Mensch glaubt, Person zu sein. Dies ist wahrscheinlich der Sinn jenes tiefsinnigen Satzes der Hindus, dass man Gott zugleich als persönlich und als unpersönlich zu begreifen habe.[151] Nur der wirkliche Verzicht auf das Vermögen, alles in der ersten Person zu denken, dieser Verzicht, der keine simple Verlagerung ist, erlaubt dem Menschen das Wissen, dass die anderen Menschen seine Nächsten sind. Dieser Verzicht ist nichts

---

[150] Weil: Zeugnis für das Gute, S. 61.
[151] «Gott ist keine Person, wie der Mensch sie zu sein glaubt. Darin liegt zweifellos der Sinn des tiefen Wortes der Hindus, man müsse Gott zugleich als persönlich und unpersönlich begreifen.» (Weil: Vorchristliche Schau, S. 122).

anderes als die Liebe zu Gott, ob nun der Name Gottes dem Denken gegenwärtig ist oder nicht.»[152]

In ‹Lettre à un religieux› verweist Weil nochmals auf den paradoxen Gebrauch der Begriffe ‹persönlich› und ‹unpersönlich› in den Hindu-Religionen, um eine göttliche Realität zu umschreiben.

> «Wie die Hindus sagen, ist Gott zugleich persönlich und unpersönlich. Er ist unpersönlich insofern, als seine unendlich geheimnisvolle Weise, Person zu sein, sich unendlich von der menschlichen Weise unterscheidet. Dieses Mysterium lässt sich nur fassen, indem man sich, wie einer Zange, dieser beiden entgegengesetzten, hienieden unvereinbar, nur in Gott zu vereinbarenden Begriffe bedient.»[153]

In dieser Umkehrung, der mystische Diskurs spricht von einem ‹fröhlichen Wechsel›, kann Simone Weil von ihrer mystischen Erfahrung als einem ‹Ergriffensein› von Christus, als einer «wirklichen Berührung, von Person zu Person» sprechen.[154]

Exkurs: Die Wette Blaise Pascals in der Relektüre von Simone Weil

In einem ihrer Briefe an Pater Perrin schreibt Simone Weil, dass die Methode Pascals die schlechteste sei, um zum Glauben zu gelangen. Mit dieser sibyllinisch anmutenden Äußerung unterzieht Weil die Argumentation der Wette von Pascal einer grundsätzlichen Kritik. Wie lautet die Argumentation der Pascalschen Wette?

Blaise Pascal möchte in seiner Wette argumentativ eine Plausibilität für den Glauben an Gott bieten, der seinen Ausgang bei der Existenz des zweifelnden und fragenden Menschen nimmt. Entgegen der klassischen Tradition der ontolo-

---

[152] Weil: Intuitions pré-chrétiennes, S. 137f.
[153] Weil: Entscheidung zur Distanz, S. 27f.
[154] Weil: Zeugnis für das Gute, S. 111.

gischen Beweise für die Existenz Gottes wird bei dem Beweisgang von der existentiellen Seite des Menschen ausgegangen.
Aus diesem Grund handelt es sich um eine Wette, die der
Mensch einzugehen hat. Die Wette wird von Pascal in Dia-
logform geboten, um das Existenzielle der Thematik zu un-
terstreichen. Im sokratischen Dialog tauschen die beiden Pro-
tagonisten ihre Argumente aus:

> «Gott ist, oder er ist nicht. Aber welcher Seite werden wir uns
> verneigen? Die Vernunft kann hier nichts bestimmen. Ein un-
> endliches Chaos trennt uns. Am äußersten Ende dieses unendli-
> chen Abstandes wird hier ein Spiel auf Kreuz oder Schrift ge-
> spielt. Was wollen sie setzen? [...] Es gibt keine Unendlichkeit
> des Abstandes zwischen dieser Gewissheit des Wagnisses und der
> Ungewissheit des Gewinns; das ist falsch. Es gibt in Wahrheit
> eine Unendlichkeit zwischen der Gewissheit zu gewinnen und
> der Gewissheit zu verlieren. Aber die Ungewissheit zu gewinnen
> steht in einer Proportion zur Sicherheit des Wagnisses, entspre-
> chend dem Verhältnis der Gewinn- und Verlustmöglichkeiten.
> [...] Sie möchten zum Glauben gelangen und Sie wissen nicht
> den Weg dahin. Sie wollen sich vom Unglauben heilen und ver-
> langen die Arzneien dazu. Lernen Sie von denen, die wie Sie ge-
> bunden waren, und die jetzt ihr ganzes Gut einsetzen; Das sind
> Menschen, die den Weg kennen, den Sie gehen möchten, und die
> von dem Übel genesen sind, von dem Sie genesen möchten. Fol-
> gen Sie der Art, wie sie begonnen haben, die darin bestand, alles
> zu tun, als ob Sie glaubten, indem Sie Weihwasser nahmen, Mes-
> sen lesen ließen usw. Gerade das wird Sie auf natürliche Weise
> zum Glauben bringen und verdummen.
> – Aber das fürchte ich gerade.
> – Und warum? Was haben Sie zu verlieren?»[155]

Wie lautet die Argumentation der Relektüre dieses großen
Textes durch Simone Weil? In gebotener Kürze sollen die
einzelnen Schritte bedacht werden. Pascal wie Weil haben
einen gemeinsamen Ausgangspunkt, denn sie wollen plau-

---

[155] Der volsltändige Text von Blaise Pascal findet sich: ders.: Pensées, Brunschvicg Fragment Nr. 233.

sible Gründe für den Glauben an Gott vorlegen. Während jedoch Pascal seine Argumentation in eine Wette kleidet, die die Legitimität des ‹alles auf eine Karte setzen› demonstrieren will und dadurch Gewissheit verschafft, geht Weil einen anderen Weg. Sie nimmt als Ausgangspunkt das menschliche Verlangen nach der Wahrheit. «Wenn ich mein Verlangen von allen Dingen hier unten abwende als von falschen Gütern, habe ich die absolute, unbedingte Gewissheit, in der Wahrheit zu sein.» (Aufzeichnungen IV, 168) Die Gewissheit, die Weil vermitteln möchte, liegt nicht in einer eigentlichen Wette vor, sondern in der Demonstration einer Überlegenheit, die darin besteht, das absolut Gute zu wählen. In diesem Beweisgang zeigt sich Weils radikale Suche nach der Wahrheit, da das Verlangen nach der Wahrheit der eigentliche Schatz des Menschen ist. Der Gewinn der Sichtweise Weils besteht dann in der Ausrichtung des Denkens und Handelns auf diese Wahrheit. Aus diesem Grund kann Weil nicht den Rat der Pascalschen Wette akzeptieren, einer ‹natürlichen Weise zum Glauben› (i. S. einer religiösen Praxis) zu folgen. In der tief religiösen Erfahrung Weils erfüllt sich etwas, was sie stets im äußersten und radikalsten Verlangen nach Wahrhaftigkeit und Wahrheit suchte. Diese Erfahrung erlaubt in ihren Augen keineswegs mehr das Spiel einer Wette, sondern fordert das Wagnis des (eigenen) Lebens. Angesichts dieser Lebensoption wendet sie die Argumentation von Blaise Pascal wie folgt:

«Wenn Gott wirklich ist, gewinnt man alles – auch wenn der Augenblick des Todes das Nichts bringen würde; wenn dieses Wort nur Täuschungen entsprechen würde, hat man nichts verloren, denn dann hat man sogar gewonnen, in der Wahrheit zu sein, denn man hat die täuschenden Güter aufgegeben, die es gibt, für etwas, das es (in dieser Annahme) nicht gibt, das aber, wenn es dieses geben würde, immer noch das einzige Gut wäre [...]. Wenn man auf diese Weise sein Leben lenkt, kann keine

Offenbarung im Augenblick des Todes Reue hervorrufen. [...] Das ist viel besser als Pascals Wette.»[156]

Simone Weils negative Theologie der Gottesrede lebt von der Grundüberzeugung, dass Gott jede Figur menschlichen Denkens, jede Kategorie übersteigt. Mit dieser Annahme bleibt Simone Weil in der großen Tradition der negativen Theologie, wie sie die jüdisch-christliche Offenbarung kennt. So bleibt beispielsweise für Thomas von Aquin die höchste Form menschlicher Gotteserkenntnis jene, dass wir glaubend mit Gott – dem Unbekannten – verbunden werden. Das, so folgert Thomas, geschieht gerade dadurch, dass wir in ihm erkennen, was er nicht ist, uns aber völlig unbekannt bleibt, was er ist. So heißt es, im Anschluss an die Schriftstelle im Buch Exodus 20,21, über das Nichtwissen als der tiefsten Form menschlicher Gotteserkenntnis: «Mose trat an das Dunkel heran, in dem Gott ist.»[157]

Eine philosophische Rede bleibt stets paradoxen Formulierungen verhaftet. Die adäquate Rede von Gott muss nach Simone Weil sowohl persönlich als auch unpersönlich formuliert werden. So kann sie die paradoxe Formulierung wagen, von Gott als «einer unpersönlichen Person» zu sprechen. «Er liebt, nicht wie ich liebe, sondern wie ein Smaragd grün ist.»[158]

Diesen Grundzug der negativen Theologie überträgt Simone Weil auf die klassische Rede der christlichen Trinitätslehre, denn sie versteht diese mit ihren ausformulierten Differenzierungen der Schultheologie als einen Versuch einer theoretischen Vermittlung zwischen einem unpersönlichen und persönlichen Gott. «Um Gott gleichzeitig, in keinem Nacheinander, als drei und einen zu denken [...], muss man ihn gleichzeitig als persönlich und unpersönlich denken. Andernfalls stellt man sich bald eine einzige göttliche Person, bald drei Götter vor.»[159]

---

[156] Weil: Aufzeichnungen IV, 151.
[157] Thomas von Aquin: Summa contra Gentiles 3, c. 49.
[158] Weil: La connaissance surnaturelle, S.77.
[159] Weil: Entscheidung zur Distanz, S. 28.

Die trinitätstheologische Konzeption der christlichen Theologie versteht Simone Weil als eine Entsprechung, insofern diese Aussage eine Beziehung Gottes zu sich selbst ausdrückt. Gott als die Fülle der Beziehung meint die Fülle des gesamten Seins. Die göttlichen Personen als reines Beziehungsgeschehen meinen: «Der Vater ist Schöpfer. Das WORT ist Mensch (schon in der Weltordnung, vor der eigentlichen Inkarnation). Der Geist steht in keiner Beziehung zur Welt. Doch er ist das Ich des vollkommenen Menschen. Er ist das ent-schaffene Ich.»[160]

Die Trinität ist für den christlichen Begriff der Gerechtigkeit unverzichtbar.

«Festhalten: wenn man Gott an sich betrachtet, ist der Geist die Beziehung zwischen Vater und Sohn; wenn es im Verhältnis zur Welt geschieht, ist der Sohn die Beziehung zwischen Vater und Geist. Gott ist Urheber des Notwendigen. Gott als Urheber des Schönen. Gott als Urheber des Guten. Gott, Wort und Geist. Das Schöne ist das Notwendige, das, indem es seinem eigenen Gesetz und ihm allein nachfolgt, doch dem Guten gehorcht. Die im Fleisch inkarnierte Gerechtigkeit, das ist im eigentliche Sinne schön, denn es gibt nichts im Fleisch, das in Beziehung zur Gerechtigkeit stünde.»[161]

Auch für die Trinitätslehre der christlichen Tradition findet Simone Weil im interreligiösen Gespräch eine Analogie. In den Hindureligionen findet Weil eine Entsprechung dieser christlichen Idee.

«Hinduistische Trinität. Gott als Bewahrer. Die heiligen Worte. Weltordnung. Das ist das WORT. Gott als Schöpfer. Vishnu. Das ist der Vater. Gott als Zerstörer. Gott als Ent-Schaffung. Shiva. Das ist der Geist.»[162]

[160] Weil: Aufzeichnungen II, 189.
[161] Weil: Aufzeichnungen III, 23.
[162] Weil: Aufzeichnungen II, 190.

Christus

Mit dem christlichen Bekenntnis zu Jesus als dem Messias, dem Christus, setzt sich Simone Weil nach ihren drei Begegnungen, die wahrhaft zählten, immer intensiver auseinander. Die Frage nach der soteriologischen Bedeutung Christi ist für Weil im Kontext ihres Gottesdiskurses, der von der Dialektik von ‹Sagen/Schweigen› und ‹Enthüllen/Verhüllen› geprägt. Christus hat sich ohne Vorbehalte den Weltgesetzen, in der Sprache Weils, der Notwendigkeit, ausgesetzt. Christus ist deswegen das Begehren, der Durst schlechthin.

Simone Weil beschäftigt sich weniger mit dem Leben Jesu, es finden sich nur vereinzelt Hinweise in ihrem Werk auf die jesuanische Verkündigung des Reiches Gottes oder auf einzelne Gleichnisse. In ihren Betrachtungen nimmt die soteriologische Bedeutung des Todes Jesu die zentrale Stellung ein. Das johanneische Bildwort des Weizenkorns, das sterben muss, kehrt leitmotivisch in vielen Schriften wieder. Nicht die Macht des Wunderwirkens Jesu ist es, die die Göttlichkeit Jesu bezeugt, sondern das historische Faktum des Kreuzes. «Das Kreuz Christi [ist] mehr als seine Gleichnisse»[163].

Mehr als eine bibeltheologische Betrachtung des Lebens Jesu steht für sie die philosophische Reflexion der Bedeutung dieses Lebenszeugnisses im Zentrum ihrer eigenen Betrachtungen. Die religionsphilosophische Beschäftigung mit der universalen Gestalt und der heilsmittlerischen Bedeutung Christi beginnt Weil nicht mit einer biblischen Bestandsaufnahme, sondern sie geht von den klassischen Aussagen der altkirchlichen Christologie aus, wie sie die Konzilien von Konstantinopel und Chalcedon formuliert haben. Simone Weil setzt bei ihrer Betrachtung des Christusmysteriums, das zugleich die Basis ihrer tiefen religiösen Erfahrungen bildet, bei der Inkarnation ein. Die Philosophin versteht ihre Betrachtungen zum Christusmysterium nicht als eine entfaltete Theologie, sondern sie begreift diese als Annäherungen an das

---

[163] Weil: Zeugnis für das Gute, S. 267.

kirchliche Christusdogma, mit anderen Worten: Sie legt keine vollständige Christologie vor.

Die philosophische und theologische Auseinandersetzung findet für Weil mittels der Begrifflichkeit hellenistischer Terminologie statt, die den Hellenismus als große ‹praeperatio evangelica› versteht. In der ‹vorchristlichen Schau/Intuitions pré-chrétiennes› entdeckt sie Analogien und Typologien der Inkarnation im Hellenismus, in Mythologien und Sagen sowie in den großen Religionen. Die Volksmärchen «bergen Schätze an Spiritualität»[164] und eine Fülle von Erzählungen der Mythologie «könnten in christliche Wahrheiten übersetzt werden, ohne dass man ihnen Gewalt antäte oder sie enstellte, indem man sie vielmehr in ein helleres Licht rückte.»[165]. Selbst die Mathematik kann als Spur zur Christologie weisen. «Diese Identität drückte der hl. Johannes aus, wenn er Christus den Namen der Beziehung, Logos, gab, meinten die Pythagoreer, wenn sie sagten: ‹Alles ist Zahl›.»[166]

Die Suche nach außerbiblischen Vorbildern, Typologien und Spuren für das Christusereignis prägt das gesamte Werk Simone Weils. In kreisenden Denkbewegungen führt sie Analogien für die Heilsbedeutung auf. Im vierten Band ihrer Aufzeichnungen legt Weil eine große Liste jener Abbilder dar, die sie aus ihrer Lektüre nichtchristlicher Literatur kannte.

Liste der Abbilder Christi
Prometheus.
Die mittlere Proportionale der griechischen Geometrie.
Proserpina.
Osiris.
Dionysos.
Attis.
Adonis.
In Grimms Märchen:
Schneewittchen.
Die Schwester der Sieben Schwäne

[164] Weil: Entscheidung zur Distanz, S. 53.
[165] Weil: AaO, S. 22.
[166] Weil: Vorchristliche Schau, S. 148.

Das tote (verstorbene), gegessene und auferstandene Kind im Machandelboom, das an das Osterlamm erinnert und an tote, gegessene und dank ihrer Knochen auferstandenen Tiere in den Märchen der Indianer.

«Dirty-Boy», Inkarnation der Sonne in einem Indianermärchen.

Orest.

Hippolyt.

Der Gerechte in der Politeia.

Die Weisheit im Phaidros (wenn Weisheit sichtbar würde).

Hiob (tot und auferstanden in einer anderen Fassung?).

Die eherne Schlange.

Zagreus (identisch mit dem Mond?).

Der geschlachtete Widder, in dessen Gestalt Zeus sich dem ägyptischen Herakles gezeigt hat.

Odin (‹ich weiss, ich hing …›).

Melchisedek (‹dem Sohn Gottes gleichgesetzt›).

Noah.

Krishna und Rama (vor allem Krishna).

Die Ehefrau in ‹The bull o' Norroway›

(Far hae I sought ye, near am I brought to ye;

Dear Duke, o' Nooroway, il will ye not return and speak to me?).

Antigone.

Tao (‹Ich bin der Weg›).[167]

Diese Aufzählung ist nicht als Manifest eines Religionspluralismus zu lesen, der heute von vielen Theologen aus dem britischen und amerikanischen Raum vertreten wird[168], sondern zeigt die christologische Intention Weils, das Mysterium der Inkarnation zu verdeutlichen. Reiner Wimmer verweist auf die Methodik dieser Identifizierung verschiedener Momente als Ausdruck des einen: Aufgrund der religiösen Praxis und religöser Symbole sind diese Begriffe und

---

[167] Weil: Aufzeichnungen IV, 175f.; dies.: Connaissance surnaturelle, S. 290f.

[168] Vgl. etwa: John Hick: Religion. Die menschlichen Antworten auf die Frage nach Leben und Tod. München: Diederichs, 1989; ders.: Gott und seine vielen Namen. Frankfurt/M.: Lembeck, 2001.

Namen religiös besetzt und erlauben einen Vergleich auf der Metaebene, der seinen Ansatz bei der ethischen Vernunft nimmt.[169]

Die vielen und verschiedenen Bilder und Symbole, die Simone Weil in ihrer Liste aufführt, sprechen menschliche Grundbedürfnisse an, die transzendental und universal verstanden werden. Für die philosophische Reflexion bedeutet dies, dass derart transzendente und universale Momente als invariant zu jener Kultur, in der sie entstanden sind, zu betrachten sind. Sie haben einen inter- oder transkulturellen Anspruch. Simone Weil postuliert als Arbeitshypothese, dass das rechte Verständnis des Christentums kein exklusives und partikularistisches meint, sondern einen inklusiven und universalistischen Anspruch impliziert.

Das religiöse und mystische Verständnis Platons liefert ebenfalls einen Beweis für eine Plausibilitätsstruktur des Christlichen.[170] Weils Platonlektüre als ‹praeparatio evangelica› unterscheidet sich wesentlich von der Platonrezeption christlicher Theologen, die Platon ‹tauften›, indem sie bewiesen wollten, dass er die Irrtümer der paganen Welt überwand, insofern Weil Platon als Erben und Bewahrer einer älteren spirituellen Tradition verstand. «Wir wissen nicht, ob Platon das Beste war, was es in der griechischen Spiritualität gibt – es ist uns nichts anderes geblieben.»[171]. Michel Narcy weist darauf hin, dass Simone Weil Platon nicht infolge der Lektüre seiner Schriften, sondern dass sie ihn ausgehend von ihren eigenen mystischen Erfahrungen als Mystiker entdeckte In diesem grundlegenden Sachverhalt liegt das Paradoxon des

---

[169] Reiner Wimmer: Simone Weil interkulturell gelesen. Traugott Bautz: Nordhausen, 2007.

[170] «Meine Auslegung: Platon ist ein echter Mystiker und sogar der Vater der westlichen Mystik.» (Weil: La source grecque, p. 80). Vgl. zur Platonrezeption Weils: Michel Narcy: Das Platonische bei Weil. In: Simone Weil: Philosophie – Religion – Politik, hrsg. Heinz Robert Schlette/André Deveaux. Frankfurt/M.: Knecht Verlag, 1985, S. 27–41.

[171] Weil: Source grecques, S. 80.

Weilschen Verständnisses des Philosophen. Die ‹platonische Dimension› der Philosophie Weils führt zur außergewöhnlichen Figur eines christlichen Verständnisses von Platon, das die Platonlektüre Weils widerspiegelt. Weil liest ‹ihren› Platon nicht mit einem philosophiegeschichtlichen Interesse, sondern als Dialogpartner auf ihrer Suche nach Wahrheit.

Die klassische Praefiguratio Christi im leidenden Gottesknecht findet Weil zunächst in der alttestamentlichen Gestalt Hiobs, der Symbol sowohl für die Erfahrung der Gottesferne als auch des ungerechten Leidens ist. In der Beschäftigung mit dem Buch Hiob, dem sie stets eine große Sympathie entgegenbringt[172], finden sich zentrale Gedanken Weils wie ‹Unglück› und ‹attente›. Darüber hinaus sieht Weil eine Vorzeichnung des Leidens Christi in der Idee der Verkörperung der Gerechtigkeit bei Platon. Platon sprach davon, dass der vollkommen Gerechte gefesselt und gekreuzigt werde[173]. An dieses Bild erinnert sich Simone Weil, wenn sie die Rede von der Strafe des Prometheus als Beweis für die Menschwerdung des Gottessohnes versteht.[174]

Symbole und Typologien der nichtchristlichen Religionen und Kulturen verweisen auf das Grundfaktum christlichen Glaubens: die Inkarnation. Den kenotischen Gedanken, der sich in vielen Kulturen und Religionen nachweisen lässt, versteht Weil als eine *Idea Christi*, die sich dem fragenden und suchenden Glauben erschließt.

Diese Grundstruktur des Christusereignisses verfolgt Weil in einem weiteren Schritt, wenn sie von der Erfahrung des

---

[172] «Das Buch Hiob ist ein Wunder, denn es drückt in vollkommener Form Gedanken aus, die der menschliche Geist nur unter der Folter eines unerträglichen Schmerzes fassen kann, die aber formlos sind, die sich verflüchtigen und nicht mehr wieder gefunden werden können, wenn der Schmerz sich legt. Die Niederschrift des Buches Hiob ist ein Sonderfall der Aufmerksamkeit, die man dem Unglück schenkt.» (Weil: Aufzeichnungen IV, 182).

[173] Platon: Politeia II, 367, b-e.

[174] Vgl. Weil: La source grecque. In: Dies.: Œuvres complètes VI/3, S. 278.

Leidens als der tiefsten Realität der Entäußerung spricht. Jesus Christus ist ein Unglücklicher, er stellt die Quintessenz des Leidens dar. Der Themenkreis Christus und das Leid darf nicht zu einem Missverständnis der Glorifizierung des Leides führen, sondern muss auf dem Hintergrund der Erfahrung der totalitären Regime im Europa des 20. Jahrhunderts gesehen und verstanden werden. Diese Kenosis im Leiden gipfelt im Leben Jesu in der Kreuzigung. Im gekreuzigten und verlassenen Christus, der als Unschuldiger verurteilt wurde, ist realsymbolisch alles Leid und Unglück aller Sklaven, Parias, Entrechteten, Outlaws, Erniedrigten gebündelt und führt zur Erlösung. Die Idee der Stellvertretung ereignet sich eben im Unglück und übersteigt somit das Böse in seiner Absurdität. Christus ist für Weil weniger das Opfer als das Vorbild für ein nicht angenommenes Mitleid. «Es hätte eines weiteren Christus bedurft, um mit dem unglücklichen Christus Mitleid zu haben.»[175] Es gilt das Unglück zu lieben. Durch die Liebe zum Unglück tritt die Zustimmung in die Notwendigkeit hinzu, die den Menschen zur Klage führt. In der Klage findet der Mensch seinen Ausdruck angesichts des Leidens, das sich im Schweigen Gottes manifestiert. Jesu Ruf am Kreuz «Mein Gott, mein Gott, warum hast du mich verlassen» und die ständige Besinnung auf den Umgang mit dem Leidens im Buch Hiob zeigt, dass das Unglück etwas Erschütterndes an sich hat. Der tiefe Schrei Christi tönt bereits durch die ganze Ilias. Weil verbindet das Leiden mit dem Motiv der Schönheit, denn im Leiden zeigt sich dem Menschen die Schönheit.

Die alttestamentliche Figur des Gottesknechtes, der bibeltheologisch sowohl das Mysterium des unschuldigen Leidens als auch die reinigende und erlösende Kraft des Leidens thematisiert, wird bereits in neutestamentlicher Zeit als Präfiguration bei der soteriologischen Deutung des Kreuzestodes Jesu verwendet. Simone Weil greift diese biblische Figur immer wieder auf, um sich dem Christusmysterium zu nähern. «Es gibt ein Leiden, welches der Rückstoss des Bösen ist, das man begeht. Sühnendes Leiden. Es gibt ein Leiden, welches der

---

[175] Weil: Pensées, S. 120.

Schatten des reinen Guten ist, nach dem man verlangt. Erlösendes Leiden.»[176] Zugleich werden aber auch außerbiblische Prototypen für das stellvertretende Leiden von Simone Weil zur Deutung des Christusmysteriums herangeführt. Antigone, die sich dem Prinzip der Gewalt verweigert, versteht Weil als eine ‹figura Christi›, denn beide, Antigone wie Christus, unterliegen aus politischen Gründen dem Sündenbockmechanismus. Wie Kreon Antigone auf Grund ihrer Revolte gegen das königliche Gesetz zum Tode verurteilt, entschließt sich auch Kaiphas aus politischer Motivation, Jesus zu verraten und dem Tod auszuliefern. «Es gibt in der Hinrichtung am Kreuz etwas Analoges zur Hinrichtung durch Einmauern, die über Antigone verhängt wurde. Das folgt wahrscheinlich demselben Antrieb, der Suche nach einem Alibi. Man tötet nicht, man bringt den Verurteilten in eine Lage, in der er sterben muss.»[177]

Auch die Rolle des Mädchens in dem Märchen der Gebrüder Grimm «Die Schwester der sechs Brüder» kann als ein Hinweis auf Christus gelesen werden, da die Schwester, als einzige nicht in einen Schwan verwandelt, all ihre Kraft daran setzt, ihre Brüder von diesem Fluch zu erlösen.

> «Schweigen des kleinen Mädchens bei Grimm, das die sieben Schwäne, ihre Brüder, rettet. Schweigen des Gerechten bei Jesaja: ‹Beschimpft, misshandelt, tat er seinen Mund nicht auf.› (Jes 53,7). Schweigen Christi. Eine Art göttliche Übereinkunft, ein Pakt Gottes mit sich selbst, verurteilt die Wahrheit hier unten zum Schweigen. Das Schweigen des geschlagenen und verhöhnten Christus ist das doppelte Schweigen von Wahrheit und Unglück hier unten.»[178]

---

[176] Weil: Aufzeichnungen III, 77.
[177] AaO, III, 209.
[178] Weil: Aufzeichnungen IV, 325.

Kreuzestheologie

Die philosophische ‹theologia crucis› Simone Weils versteht ihre Aussagen nicht im Sinne eines spekulativen Karfreitags, sondern liest die Aussagen der Kreuzigung als Ausdruck der Erlösung, die in die Situation des Leidens hineingesprochen ist. Das Kreuz ‹ist der schönste aller Bäume› wie es der Hymnus ‹Venantius Fortunatus› des alten liturgischen Formulars der Karfreitagsliturgie preist, ist der Ort, wo sich Natürliches und Übernatürliches, Gott und Mensch, Schuld und Erlösung treffen:[179]

Heilig Kreuz, du Baum der Treue,
edler Baum, dem keiner gleich,
keiner so an Laub und Blüte,
keiner so an Früchten reich:
Süßes Holz, so süße Nägel,
welche süße Last an euch.

Beuge, hoher Baum, die Zweige,
werde weich an Stamm und Ast,
denn dein hartes Holz muss tragen
eine königliche Last,
gib den Gliedern deines Schöpfers
an dem Stamme linde Rast.

Du allein warst wert, zu tragen
Aller Sünde Lösegeld,
du, die Planke, die uns rettet
aus dem Schiffbruch dieser Welt.
Du, gesalbt vom Blut des Lammes,
Pfosten, der den Tod abhält.

[179] Übersetzung und Text aus: Die Feier des Stundengebetes. Stundenbuch. Für die katholischen Bistümer des deutschen Sprachgebietes. Authentische Ausgabe für den liturgischen Gebrauch. Bd. 2: Fastenzeit und Osterzeit. Benziger/Herder: Einsiedeln/Freiburg i. Br. 1978, 178f. Bei Weil z. B. Connaissance surnaturelle, S. 259–265 oder Aufzeichnungen III, 24f.

Lob und Ruhm sei ohne Ende
Gott, dem höchsten Herrn, geweiht.
Preis dem Vater und dem Sohne
Und dem Geist der Heiligkeit.
Einen Gott in drei Personen
Lobe alle Welt und Zeit. Amen.

Das Kreuz transzendiert das Unglück in Gottesliebe. Das Symbol des Kreuzes interpretiert Simone Weil im Sinne eines alten ambrosianischen Hymnus als Waage, um einen Ausgleich zwischen Leid und Gottesliebe zu erreichen.[180]

> «Der Leib Christi war ein recht schwaches Gewicht, aber durch die Entfernung zwischen der Erde und dem Himmel hat er das Universum aufgewogen. Auf unendlich andere Weise, aber doch ähnlich genug, um als Sinnbild zu dienen, soll auch jeder, der arbeitet, Lasten hebt und Hebel bewegt, mit seinem schwachen Körper Gegengewicht des Universums sein.»[181]

Das Symbol des Kreuzes ist Zeichen der Ohnmacht und Zeichen der Hoffnung in einem. Es drückt eine unendliche Distanz aus, die die Erfahrung der Gottesferne explizit ausdrückt. «Diese unendliche Distanz zwischen Gott und Gott, diese höchste Zerrissenheit, dieser Schmerz, dem kein anderer gleicht, dieses Wunder der Liebe ist die Kreuzigung. Nichts kann weiter von Gott entfernt sein als das, was zum Fluch geworden ist.»[182] In dem Symbol des Kreuzes, das Weil dem Symbol des Lebensbaums gleichsetzt, und in dem paradoxen Begriffspaar ‹Unglück/Liebe› spiegelt sich der spirituelle Le-

---

[180] Die Metapher der Waage kommt ebenso im Gedicht «Das Meer» in der vierten Strophe vor: «Die Waage mit ihren verborgenen Armen aus lichtem Wasser / Wiegt sich selbst und die Gischt und das Einsen, / Gerecht, ohne Zeugen, für jedes treibende Boot. / Auf das Schiff zeichnet ein blauer Strich das Verhältnis. / Ganz ohne Fehler in seiner klar aufscheinenden Linie.», aus:. Elisabeth Edl/Wolfgang Matz: Simone Weil. Gedichte. In: Akzente 40 (1993) S. 492–503, S. 500.

[181] Weil: La condition ouvrière, S. 261.

[182] Weil: Pensées, S. 92.

bensweg der französischen Philosophin. In beiden Symbolen sieht sich Weil in ihrem Verständnis des Christlichen aufgehoben. Für ihre universale Betrachtung der paradoxen Wahrheit des Kreuzes denkt Weil an die theologischen Reflexionen des Apostel Paulus über Jesus Christus. Die kosmologischen Spekulationen der nachpaulinischen Schriften des Neuen Testaments, die die universale Versöhnung sowie die Einheit von Gott und Christus reflektieren, finden sich bei Simone Weil als bibeltheologische Untermauerung ihrer eigenen christologischen Überlegungen[183].

Zum Abschluss soll noch die Verbindung zwischen Christus und der Kirche kurz besprochen werden. Die soteriologische Bedeutung des Christusereignisses hat Simone Weil in ihrer transzendentalen und universellen Relevanz nachgezeichnet. Angesichts dieser Bedeutung des Christusereignisses für die gesamte Menschheit steht die geschichtliche Größe der Kirche immer hinter ihrem Auftrag, von diesem Mysterium in der Welt zu künden. Die transzendentale und universelle Bedeutung der Kirche muss für Simone Weil erst noch geschichtlich realisiert werden. Deswegen muss der christliche Glaube seine Katholizität erst wieder (neu) entdecken. Die explizite Religion, d. h. die geschichtlich gewachsene Kirche, muss für sich die Bedeutung der anderen Religionen entdecken.

«Die katholische Religion enthält explizite Wahrheiten, die andere Religionen implizit enthalten. Dafür aber enthalten andere Religionen explizite Wahrheiten, die im Christentum nur implizit vorhanden sind. Auch der bestunterrichtete Christ kann über die göttlichen Dinge aus anderen religiösen Überlieferungen noch sehr viel lernen, obwohl das innere Licht ihn alles auch durch die seinige hindurch wahrnehmen lassen kann.»[184]

---

[183] Vgl. Weil: Aufzeichnungen IV, 228.
[184] Weil: Entscheidung zur Distanz, S. 27. Das II. Vatikanische Konzil umschreibt den umfassenden Begriff der Katholizität wie folgt: «Zu dieser katholischen Einheit des Gottesvolkes, die den allumfassenden Frieden vorzeichnet und fördert, werden also alle Menschen gerufen, und auf vielfältige Weisen gehören ihr zu

Die christologischen Reflexionen, die Weil in ihrer Schrift
«Das Unglück und die Gottesliebe›› entfaltet, können in
ihren Spitzenaussagen nur als Spiegel ihrer mystischen Erfahrungen verstanden werden. Die staurologische Bedeutung des
Kreuzes steigert Weil zu der paradoxen Aussage, dass der
Blick auf das Kreuz Christi Neid erzeuge[185]. Das Kreuz steht
in dieser mystischen Betrachtung als Manifestation der absoluten Schönheit Gottes – menschlich erfahrbar im Unglück.
Für den französischen Religionsphilosophen Xavier Tilliette
haben die christologischen Reflexionen Simone Weils den
«Blick auf Karfreitag erneuert»[186].

In der christologischen Konzentration des Unglücks manifestiert Weil die Verschränkung von Theologie und Anthro-
pologie, d. h. sie betreibt ihre Theologie aus der Perspektive
menschlicher Erfahrungen. «Jedes Wesen ist ein stummer
Schrei danach, anders gelesen zu werden.»[187]. Im christologischen Bedenken des Unglücks eröffnet sich somit die tiefste
Bestimmung des Menschen: seine Freiheit. Die christologische

---

oder werden ihr zugeordnet sowohl die katholischen Gläubigen
als auch andere an Christus Glaubende als auch schließlich alle
Menschen überhaupt, die durch die Gnade Gottes zum Heil beru-
fen sind.» (Lumen Gentium, Kap. 13, 4, zit. nach: Herders Theologischer Kommentar zum Zweiten Vatikanischen Konzil, hrsg.
Peter Hünermann. Freiburg i. Br.: Herder, Bd. 1, 73–185, S. 97).

[185] In ihrem vierten Brief an Pater Perrin schreibt Simone Weil:
«Denn jedesmal, wenn ich an die Kreuzigung Christi denke, be-
gehe ich die Sünde des Neides.» Vgl. auch das Gedicht «Bitter-
süss» von George Herbert, das oft von Simone Weil zitiert wird:
«Bitter-süss// o mein geliebter strenger Herr, / Du liebst, und
dennoch schlägst du; / Wirfst nieder, und dennoch gibst du Hilfe; / Gewiss will ich dasselbe tun. / Weinen will ich, dennoch prei-
sen; / Seufzen will ich, dennoch loben: / Und all meine bitter-süs-
sen Tage / Will klagen ich und lieben.» (zit. Weil: Aufzeichnungen II, 230).

[186] Xavier Tilliette: Philosophische Christologie. Einsiedeln: Johannes Verlag, 1998, S. 271.

[187] Weil: Schwerkraft und Gnade, S. 183.

Leseart der eigenen Existenz eröffnet diese Schau mittels der Be-Freiung falscher, verzerrter und unwahrer Lesearten, in dem Menschen sich die Freiheit schenken, einander ‹anders zu lesen›!

Mystik

Der Begriff der Mystik kennt keine eindeutige Definition. In der Philosophie beschreibt Werner Beierwaltes Mystik als die «Einswerdung mit dem Urgrund, dem Sein»[188]. Der jüdische Religionsphilosoph Gershom Scholem spricht im Sinne der jüdischen Kabbala von einer «gestaltlosen Erfahrung»[189], die der Mystik zu eigen ist. Der Mystikforscher Bernhard McGinn umschreibt das Phänomen der Mystik unter drei Aspekten als a) Teil oder Element der Religion, b) als Prozess oder Lebensweg und c) als Versuch, ein unmittelbares Bewusstsein der Gegenwart Gottes zum Ausdruck zu bringen. McGinn versteht Simone Weil als eine Mystikerin des 20. Jahrhunderts, die die negative Theologie und das Wissen um die Abwesenheit Gottes als Ausgangspunkt ihrer Reflexionen über die Mystik nahm.[190]

Simone Weil kannte klassische Gebetstexte, die sie jedoch zunächst nur als philologische Texte betrachtete, d. h. unsere Denkerin nähert sich dem Phänomen des Betens als Außenstehende. So versteht sie beispielsweise das marianische Gebet «Salve Regina» zunächst als Dichtung, das «Vater unser» liest sie als kulturelles Zeugnis in der griechischen Originalfassung, jedoch nicht als das Grundgebet der christlichen Gemeinschaft. Beten betrachtet sie als Autosuggestion, vor der sich ein rationaler und emanzipierter Mensch zu befreien habe. In einem Brief an Pater Perrin schreibt sie über ihren geistlichen Werdegang: «Während dieses ganzen geistlichen

---

[188] Werner Beierwaltes/Hans Urs von Balthasar/Alois M. Haas (Hg.): Grundfragen der Mystik. Einsiedeln: Johannes Verlag, ²2002, S. 10.

[189] Gershom Scholem: Die jüdische Mystik in ihren Hauptströmungen, F.a.M.: Suhrkamp 1980, S. 10–15.

[190] Vgl. Berhard McGinn: Die Mystik im Abendland. Bd. 1: Ursprünge. Freiburg i. Br.: Herder, 1994, S. 18.

Fortschreitens habe ich niemals gebetet. Ich fürchtete die Macht der Suggestion des Gebetes.»[191]

Privates wie liturgisches Beten in einer Glaubensgemeinschaft war Simone Weil fremd. Ihr Leben kannte eine tiefe religiöse Erfahrung, die weder gesucht war noch gewünscht wurde. In ihrem geistlichen Testament schreibt sie an Pater Perrin, dass sie drei «Berührungen mit dem Katholizismus» hatte, die «wahrhaft zählten»[192]. Diese drei Berührungen, die sie in Porto (Portugal), Assisi (Italien) und Solesmes (Frankreich) hatte, können als mystische Ereignisse im Leben Simone Weils gelten. Sie seien hier kurz referiert.

Das Erlebnis von Porto: Nach den Anstrengungen ihres Fabrikaufenthaltes hält sich Simone Weil zur Erholung in Portugal auf. Am 15. September 1935, nach dem damaligen liturgischen Kalender das Fest Mariae Schmerzen, erlebte Simone Weil eine Prozession, die anlässlich des Kirchenpatroziniums zu Ehren der *Mater dolorosa* abgehalten wurde, eine dieser weiter oben genannten Berührungen.

> «Ich war seelisch und körperlich gewissermaßen wie zerstückelt. Diese Berührung mit dem Unglück hatte meine Jugend getötet. Bis dahin hatte ich keinerlei Erfahrung des Unglücks besessen, außer meines eigenen, das, weil es das meinige war, mir von geringer Wichtigkeit schien, und das überdies nur ein halbes Unglück war, da es biologische Ursachen hatte und keine sozialen. Ich wusste wohl, dass es in der Welt sehr viel Unglück gab, die Vorstellung dessen peinigte mich unaufhörlich, aber ich hatte es niemals durch längere Fühlungnahme erfahren.»[193].

Diese erste Erfahrung mit dem Katholizismus blieb von ihrer Erfahrung als Hilfsarbeiterin am Fließband geprägt. Sie fährt in ihrem Zeugnis nämlich wie folgt fort:

> «In dieser Gemütsverfassung, und in einem körperlich elenden Zustand, betrat ich eines Abends jenes kleine portugiesische Dorf, das ach! Auch recht elend war; allein, bei Vollmond, eben

---

[191] Weil: Zeugnis für das Gute, S. 112.
[192] AaO, S. 98, 108.
[193] AaO, S. 109.

am Tage des Patronatsfestes. Es war am Ufer des Meeres. Die Frauen der Fischer zogen, mit Kerzen in den Händen, in einer Prozession um die Boote und sangen gewiss sehr alt überlieferte Gesänge, von einer herzzerreißenden Traurigkeit. Nichts kann davon eine rechte Vorstellung vermitteln. Niemals habe ich etwas Ergreifenderes gehört, außer dem Gesang der Wolgaschlepper. Dort hatte ich plötzlich die Gewissheit, dass das Christentum vorzüglich die Religion der Sklaven ist, und dass die Sklaven nichts anders können als ihm anhängen, und ich unter den übrigen.»[194].

Die zweite Begegnung erfolgte im Jahr 1937 in Assisi. In der Kapelle Santa Maria degli Angeli, von der Weil wusste, dass hier Franziskus oft zum Beten war, wurde sie innerlich gezwungen, sich niederzuknien:

«Im Jahre 1937 verbrachte ich zwei wunderbare Tage in Assisi. Als ich dort in der kleinen romantischen Kapelle aus dem zwölften Jahrhundert von Santa Maria degli Angeli, diesem unvergleichlichen Wunder an Reinheit, wo der heilige Franziskus so oft gebetet hat, allein war, zwang mich etwas, das stärker war als ich selbst, mich zum ersten Mal in meinem Leben auf die Knie zu werfen.»[195]

Die dritte Begegnung fand während der Kar- und Ostertage 1938 in der Benediktinerabtei Solesmes in Frankreich statt. Von Palmsonntag bis Osterdienstag weilte sie im Gästeflügel der Abtei und wohnte der Liturgie der Mönche bei. In diesen Tagen wurde sie wieder von starken Kopfschmerzen heimgesucht. Die bohrenden Schmerzen ließen jeden Ton der feierlichen Liturgie wie einen Schlag auf den Kopf aussehen. Diese äußerste Konzentration auf die unerhörte Schönheit der Gesänge und Worte ließ sie tiefe Freude erleben. Durch ihre Teilnahme an den Offizien findet der Gedanke der Passion Christi «ein für allemal in mich Eingang»[196]. Während dieser

---

[194] AaO, S. 109f.
[195] AaO, S. 110.
[196] Ebd.

106

Einkehrtage lernt sie in der Abtei einen Briten kennen, der ihr das Gedicht ‹Love› von George Herbert zu lesen gibt.[197]

Liebe bot mir Willkomm; doch meine Seele schrak zurück,
In Schuld des Staubes, Schuld der Sünde.
Sie aber, Liebe, flinken Auges merksam, wie ich träg.
Den Fuß kaum vor der Schwelle setzte,
Drang näher an mich, zärtlich fragend,
Ob etwas mir zu mangeln schien.

Ein Gast, gab ich zur Antwort, würdig dieses Ortes.
Und Liebe sprach: Du sollst es sein.
Ich, der des Undanks, der Ungüte voll? ach, lieber Freund,
Der nicht dich anzuschauen vermag.
Liebe ergriff mich bei der Hand und sagte lächelnd:
Wer schuf die Augen, wenn nicht ich?

Zu wahr, Herr, aber ich verdarb sie nur; lass meine Schande
Dort hingehen, wo sie es verdient.
Und weißt du nicht, spricht Liebe, wer den Tadel auf sich
nahm?
Dann will ich, lieber Freund, dir dienen.
Du musst, spricht Liebe, niedersetzen und mein Mahl genießen.
So setzte ich mich denn und aß

Simone Weil lernt das Gedicht auswendig, weil sie es als schön empfand. Während des stillen Rezitierens des Gedichtes kommt es zu einer personalen Gotteserfahrung.

«Einmal, während ich es sprach, ist, wie ich es Ihnen schon geschrieben habe, Christus selbst hernieder gestiegen und hat mich ergriffen. In meinen Überlegungen über die Unlösbarkeit des Gottesproblems hatte ich diese Möglichkeit nicht vorausgesehen: die einer wirklichen Berührung, von Person zu Person, hienieden, zwischen dem menschlichen Wesen und Gott.»[198]

---

[197] AaO, S. 281; dies.: Aufzeichnungen I, 172. George Herbert: Poems. Ins Deutsch nachgebildet von Wolfgang Kaussen. Frankfurt/M, S.P.Q., 2001, S. 62f.
[198] Weil: Zeugnis für das Gute, S. 111.

Über diese drei Begegnungen bleibt Simone Weil zeitlebens sehr diskret, sie schreibt diese Erfahrungen in einem Brief an Pater Perrin nieder und erwähnt das religiöse Ereignis kurz in ihrem Brief an Joë Bousquet, als jene Erfahrung, die ihre Praxis des stoischen *amor fati* durch den Namen Gottes und Christi ersetzte, die sich nun für immer unwiderstehlich in ihr Gedächtnis gemischt haben.

Die Süße des Textes des Vaterunser bei der Weinernte in Südfrankreich lässt Simone Weil diese mystischen Begegnungen neu er-spüren: «Mitunter auch ist während dieses Sprechens oder zu anderen Augenblicken Christus in Person anwesend, jedoch mit einer unendlich viel wirklicheren, durchdringenderen, klareren und liebevolleren Gegenwart als jenes erste Mal, da er mich ergriffen hat.»[199]

Simone Weil vergleicht ihre tief religiösen Erfahrungen mit mystischen Texten anderer Weltreligionen. In dem ersten Band der «Cahiers/Aufzeichnungen» notiert sie die phänomenologische Beschreibung des mystischen Zustandes in den Upanischaden:

«Beschreibung des mystischen Zustands:
Dies ist der Zustand, der jenseits allen Wünschens ist, der das Böse beseitigt, in dem keine Frucht ist. Wie jener, der von einer geliebten Frau umschlungen wird, nichts mehr erkennt, was immer es auch sei, außen oder innen, so erkennt auch der Geist, vom geistigen Atman umschlungen, nichts mehr, was immer es auch sei, außen oder innen. Dies ist der Zustand in dem das Verlangen erfüllt ist, in dem man nur nach dem Atman verlangt, in dem man nicht verlangt; der Zustand, der jenseits des Leidens ist. Hier ist der Vater nicht der Vater, ist die Mutter nicht Mutter, sind die Welten nicht Welten, sind die Götter nicht Götter, sind die Veden nicht Veden. Hier ist der Dieb nicht Dieb, ist der Abtreiber nicht Abtreiber, ist der Asket nicht Asket. Ihm folgt nicht das Gute, ihm folgt nicht das Böse. Er ist so jenseits aller Leiden des Herzens. Dieses Wesen, das nicht sieht, ist ein Seher, der nicht sieht. [...] Dieses Wesen, das nicht erkennt, ist ein Erkennen, der nicht erkennt. [...] Da, wo etwas anderes ist, da

[199]   AaO, S. 114.

kann das eine das andere sehen, das andere spüren, das andere
schmecken, das andere sagen, das andere hören, das andere vorstellen, das andere berühren, das andere erkennen. Zwischen den
Wassern ist ein einziges Wesen, ein Seher ohne Gegenstand, das
ist die Welt des Brahman. Das ist der höchste Weg, die höchste
Welt, die höchste Glückseligkeit. Die anderen Wesen leben von
einem Körnchen dieser Glückseligkeit.»[200]

Die paradoxe Erfahrung des Nichts, das anthropologisch betrachtet dem Phänomen der mystischen Erfahrung vorausgeht
und es begleitet, studiert Simone Weil ebenfalls in den Schriften des Zen.

«Die ursprüngliche Zen-Methode scheint eine Suche ins Leere zu
sein, die so intensiv ist, dass sie alle Bindungen ersetzt. Aber da
sie ins Leere geht, kann sie kein Gegenstand einer Bindung sein,
außer in dem Maße, wie man sie aktiv verfolgt, und das Aktive
dieser nutzlosen Suche erschöpft sich. Wenn die Erschöpfung
ganz nahe ist, ruft ein beliebiger Schock die Loslösung
hervor.»[201]

Mit der Tradition des Sufismus im Islam wie mit den großen
Klassikern der christlichen Mystik (insbesondere werden die
spanische wie rheinische Mystik gelesen und studiert) versteht sich Simone Weil als eine theo-zentrische Denkerin,
deren Glaubensbezug unmittelbar vom Bedenken eines trans-
zendent gedachten Gottes ausgeht.

Gustave Thibon beurteilt die tief religiösen Erfahrungen
Simone Weils als eine moderne Form von Mystik.

«Der Geist einer makellosen Mystik ging von ihr aus; noch niemals ist mir ein Mensch von einer ähnlichen Vertrautheit mit den
Mysterien des religiösen Lebens begegnet; niemals ist mir das
Wort übernatürlich so schwellend von Wirklichkeit erschienen
wie in ihrer Nähe. Eine solche Mystik hatte nichts gemein mit
jenen religiösen Spekulationen ohne Einsatz der Persönlichkeit,
wie sie nur allzu häufig das einzige Zeugnis der Intellektuellen

---

[200] Weil: Aufzeichnungen I, 374f.
[201] Weil: Aufzeichnungen III, 43.

sind, die sich den göttlichen Dingen zugewandt haben. Sie kannte, sie lebte den verzweiflungsvollen Abstand zwischen ‹wissen› und ‹von ganzer Seele wissen› und ihr Leben hatte kein anderes Ziel als die Überwindung dieses Abstandes.»[202]

Nicht zu vergessen ist, dass Simone Weil in ihrer ständigen Beschäftigung mit der Philosophie Platons sich jener Tradition anschließt, die diese Philosophie als mystische qualifiziert. «Danach habe ich empfunden, dass Plato ein Mystiker ist.»[203] Dieser Traditionsstrang der Platonrezeption hatte in der Mitte des letzten Jahrhunderts mehrere Vertreter gefunden, die Weil allesamt kannte und in ihren Schriften rezipierte.

Betrachtet man den Lebensweg unserer Philosophin unter einer theologischen Perspektive, dann gewinnt ihre autobiographische Aussage, die sie in ihrem geistlichen Testament machte, grundsätzliche Bedeutung. Mit Gilbert Kahn kann in der mystischen Aussage bei Weil zwischen der Idee respektive dem Begriff und der (persönlichen) Erfahrung unterschieden werden.[204] Der Begriff der Erfahrung ist zu differenzieren. So ist zu unterscheiden zwischen einem wissenschaftlichen Begriff der Erfahrung, die eine vorherige Konzeption annimmt, und der persönlichen Erfahrung, auf der ein System beruht. In der mystischen Erfahrung, die anhand der platonischen Philosophie konzeptuell re-konstruiert wird, kann Weil Gott und die Schönheit in eins setzen. Diese Gleichsetzung geschieht vor allem in ihrer Schrift «La source grecques». Platon ist derjenige, der zu denken erlaubt, dass das Politische in einem Gemeinwesen auf das Absolute der Polis verweist. Mit Platon kann Weil die Einheit zwischen dem politischen Denken und der mystischen Erfahrung innerhalb einer Religionstheologie denken. Gerade die Gedanken zur Mystik, die Weil in ihren letzten Lebensjahren formuliert, weisen auf die in-

---

[202] Weil: Schwerkraft und Gnade: Nachwort S. 242f.
[203] Weil: Zeugnis für das Gute, S. 112.
[204] Gilbert Kahn: Gottesidee und mystische Erfahrung bei Simone Weil. In: Heinz Robert Schlette/André Devaux (Hg.): Simone Weil. Philosophie – Religion – Politik. Frankfurt/Main: Knecht Verlag, 1985, S. 121–136.

nere Einheit ihrer Reflexionen und ihrer Lebensgeschichte hin. Der Stoff ihres Lebens bildet eine untrennbare Einheit, d. h. die Mystikerin und die Gewerkschaftlerin sind ein und dieselbe Person!

Schöpfung

Das Bekenntnis zur Welt als einer geschaffenen gehört zum Grundbestand der Glaubensaussagen der drei monotheistischen Religionen. Judentum, Christentum und Islam sprechen Gott ein schöpfungstheologisches Attribut zu. Angesichts der naturwissenschaftlichen Erkenntnisse der letzen Jahrhunderte und unseres naturwissenschaftlichen Daseinsverständnisses ist die klassische Schöpfungstheologie in eine Krise geraten.

Simone Weil liefert eine selbstständige Theorie der Schöpfung, die mit einem Neologismus arbeitet: die «décréation/Entschaffung». Als Ausgangspunkt geht Weil von einer phänomenologischen Daseinsanalyse aus. Der Mensch ist immer anthropologisch als ein relationales Wesen zu beschreiben, der sich immer in einer doppelten Verhältnisbestimmung befindet. Das einzelne Individuum unterhält eine Mensch/Mitmensch- und eine Mensch/Gott-Beziehung. Der Mensch konstituiert in seiner Wahrnehmung der Welt seine Welt immer wieder neu, indem er separiert und trennt und damit erschafft (‹créer›). Die Schöpfung ist ganzheitlich zu verstehen, insofern sie als anthropologische Begründung der Welt in einer kontemplativen (als dem Bereich der Kunst) und einer aktiven Schau (als dem Bereich der Arbeit) konstituiert ist. Arbeit, Kunst und Wissenschaft sind auf ihre je eigene Weise Schöpfung. Die Größe des Menschen liegt darin begründet, dass er sich in seiner Arbeit die Grundlagen seiner materiellen Existenz schafft, sich durch die Wissenschaft das Reich der Zeichen und Symbole erstellt und in der Kunst die Verbindung von Leib und Seele vermittelt. Die Schöpfung in ihrer ganzen Komplexität hat wiederum eine ethische Komponente.

Für die Theorie der «décréation» haben sowohl religiöse als auch mathematische Überlegungen Pate gestanden.

Die Bedeutung der Pythagoräer für die Theorie der Schöpfung besteht in der mystischen Deutung der mittleren Proportionalen, die als ein harmonisches Verhältnis zwischen Schöpfer und Geschöpf zu deuten ist. Für Weil ist die Entdeckung der mittleren Proportionalen zwischen zwei bekannten Größen (z. B. zwischen zwei gleichschenkligen Dreiecken, zwischen einem Rechteck und seinem Doppel) eine Aussage, die nur mit Hilfe einer Inspiration gemacht werden konnte. Der Gedanke der Proportion ist für die Griechen Ausdruck der Transzendenz. Die Beziehung Gott-Mensch dagegen entspricht einer ‹Disproportion›, da immer die unendliche Distanz zwischen Schöpfer und Geschöpf zu denken bleibt. Der Mensch hat die Aufgabe, nach Proportion und Gleichgewicht zu suchen. Für Weil stellt das Bedenken der Proportionalen eine theoretische Möglichkeit dar, um die Verbindung von Einheit und Vielfalt zu denken. Der Mensch kann mit Hilfe der Mathematik die Welt ordnen, denn die mathematische Betrachtung des Universums repräsentiert eine Reinigung der Seele, da die Seele bei dieser Aktion nicht mehr auf sich selbst bezogen bleibt, sondern sich der Kontemplation widmet. Dadurch zwingt die Seele den Menschen, sich der Ordnung der Welt auf stoische Weise zu unterwerfen und sie, so Simone Weil, in eben dieser Ordnung zu lieben.

Ein möglicher Gottesbezug der Schöpfung kann nur durch den Modus der Abwesenheit Gottes in der Welt betrachtet werden. «Gott kann in der Schöpfung nur in der Abwesenheit anwesend sein.»[205] Christologische und theozentrische Reflexionen treffen sich im Modus der Verborgenheit: «Der Schrei Christi und das Schweigen des Vaters bilden zusammen die erhabenste Harmonie, für die jede Musik nur eine Nachahmung ist, der die unserer Harmonien, die gleichzeitig im höchsten Grad jammervoll und süß sind, unendlich entfernt ähneln.»[206] Die Beschäftigung mit der Schöpfung als einem religiösen Begriff geht Weil zugleich in einem interreligiösen Kontext an. Aus der hinduistischen Tradition entlehnt sie den Begriff des illusionären Charakters der Realität (‹Maya›), um den fiktiven Charakter menschlicher Wünsche anzudeuten. Simone Weil schreibt in ihren Aufzeichnungen, der Begriff ‹Maya› zeichne die Wirklichkeit als reine Illusion

[205] Weil: Aufzeichnungen III, 82.
[206] Weil: Vorchristliche Schau, S. 150.

aus. Das Maya des Ichs versperrt den wahren Weg zur Gotteserkenntnis.

> «Wie die Hindus gesehen haben, ist die große Schwierigkeit bei der Suche nach Gott, dass wir ihn in unserem Zentrum tragen. Wie kann ich zu mir gehen. Jeder Schritt, den ich mache, führt aus mir heraus. Darum kann man Gott nicht suchen. Das einzige Mittel besteht darin, aus sich herauszugehen und sich von außen zu betrachten. Dann sieht man von außen in seinem Zentrum Gott so, wie er ist.»[207]

Das Postulat der Loslösung vom Ich, das sich als leeres Handeln versteht, findet Simone Weil auch in der Schrift Lao-tse «Tao-Tê-King». Von ihrer Lektüre der Bhagavad-Gîtâ kennt sie die Idee des Nicht-Handelns als die ethische Quintessenz dieser Schrift.[208] Aus den verschiedenen Schulen des Buddhismus (Mahayana Buddhismus, Zen-Buddhismus, tibetanischer Buddhismus) entnimmt sie den Gedanken der Leere[209] und die Praxis des Koans.[210] Buddhistische Schöpfungsmotive finden sich in den ‹Cahiers›:

> «Japanisches No. Buddha lässt aus den Ästen der Bäume die Blüten heraustreten, um die Menschen dazu zu bringen, nach

[207] Weil: Conaissance surnaturelle, S. 223.

[208] Kap. 2.47 der Gîtâ lautet: «Du bist zuständig allein für das Tun, / niemals aber für die Früchte des Handelns. / Dein Motiv soll nie die Frucht des Handelns sein, / hafte aber auch nicht an der Vorstellung vom nicht-Handeln an.» (Bhagavad Gîtâ: Der Gesang des Erhabenen. Aus dem Sanskrit übersetzt und hrsg. von Michael von Brück. Frankfurt/M.: Verlag der Weltreligionen, 2007, S. 23).

[209] Das Sútra von der Essenz der Weisheit spricht Buddha über die endgültige Realität des Kreatürlichen. «Körperliches ist Leerheit, Leerheit ist Körperliches, und getrennt vom Körperlichen gibt es keine Leerheit.» (zit. nach: Dalai Lama: Die Lehren des tibetanischen Buddhismus. Hamburg: Hoffmann und Campe, 1998, S. 64).

[210] «Die diskursive Intelligenz zerstört sich selbst durch die Betrachtung von klaren und unvermeidbaren Widersprüchen. Koan. – Mysterien.» (Weil: Conaissance surnaturelle, S. 258).

oben zu schauen. Er bewirkt es, dass der Mond in den Wellen untergeht, damit die Unglücklichen wissen, dass Gott herabsteigt.»[211]

Das vom Taoismus geforderte Gewähren- und Geschehenlassen als radikale Kenosis des Ichs verbindet Simone Weil mit ihrer Theorie der ‹attente›. Verschiedene Kulturen und Religionen werden von Weil in einen eigenständigen Zusammenhang gebracht, um den christlichen Begriff eines Schöpfergottes philosophisch zu untermauern.[212]

Gefordert wird von ihr ein von allen Interessen und aller Ichbezogenheit befreites Handeln, das die Gratuität der Schöpfung zum Ausdruck bringen kann. Diese Leistung vollbringt im Denken Weils ihre originäre Theorie der ‹décréation›. Diese Theorie Weils darf nicht isoliert in ihrem Œuvre betrachtet werden, sondern in einem engen Zusammenhang mit ihrem Gottesbegriff und der Beziehung Gott – Mensch – Welt. Den hauptsächlichen Ansatzpunkt in ihrer Gotteslehre bildet die Verbindung des Gottesgedankens mit dem Moment der Liebe, wie es bereits weiter oben in der Darstellung der philosophischen Gotteslehre besprochen wurde. Sie umschreibt damit philosophisch den Spitzensatz der johanneischen Theologie «Gott ist Liebe» (1 Joh 4,8). Das Motiv der Schöpfung ist die Liebe Gottes, die nicht mit dem Schöpfungsakt endet, sondern in der ‹creatio continua› sich weiter entwickelt.

---

[211] Weil: Aufzeichnungen IV, 18.

[212] Anlässlich eines Vortrags über die östliche und westliche Philosophie in Marseille notiert Simone Weil: «Jede taoistische Aussage erweckt in uns einen Widerhall, und diese Texte erinnern nacheinander an Heraklit, Protagoras, Platon, die Zyniker, die Stoiker, an das Christentum, an Jean-Jacques Rousseau. Zwar ist für einen Europäer die taoistische Denkweise durchaus eigenständig, tiefgreifend und neuartig, aber wie alles wahrhaft Große ist sie uns neu und vertraut zugleich; wir erinnern uns, sie, wie Platon sagte, auf der anderen Seite des Himmels gekannt zu haben.» (Simone Pétrement: Simone Weil – Ein Leben, S. 552).

«Die Schöpfung ist ein Akt der Liebe, und sie ist unaufhörlich. In jedem Augenblick ist unser Dasein Liebe Gottes zu uns. Gott aber kann nur sich selbst lieben. Seine Liebe zu uns ist Selbstliebe durch uns hindurch. Also liebt er, der uns das Sein gibt, in uns die Einwilligung, nicht zu sein.»[213]

Die menschliche Existenz bleibt stets auf diesen Grund der Schöpfung bezogen, dennoch lebt der Mensch durch den Rückzug Gottes aus der Welt (vgl. die Theorie des Zimzum!) autonom in der Welt. Die Reflexion Simone Weils hat eine Ähnlichkeit mit der Theorie des Zimzum der kabbalistischen Tradition. Diese Theorie besagt, dass Gott durch einen ‹Rückzug› die Welt sich selbst überließ. Der Kabbalist Isaak Luria (1534–1572) wollte damit das Paradox der Schöpfung aus dem nichts auflösen, um die Möglichkeit der Welt in ihrem Selbststand zu gewährleisten.[214] Die Schöpfung Gottes beginnt nicht durch einen Akt der Emanation, sondern mit einem Akt der Selbstbeschränkung Gottes. Durch diesen Akt wird Schöpfung erst möglich: Gott und Welt stehen sich in Freiheit gegenüber.

Durch das Bedenken eines Rückzuges Gottes aus der Welt erhalten alle menschlichen Handlungen eine Autonomie und sind doch zugleich transzendental in Gott begründet. Simone Weil versteht deswegen alle künstlerischen Manifestationen als Spuren der göttlichen Realität in der Welt. Poesie, Bilder, Worte, Musik, Klänge sind vom Menschen als göttliche Spuren zu lesen[215]. Auf ihrer Italienreise im Jahr 1937 betrachtet sie in Mailand Leonardo da Vincis Abendmahl und Mantegnas Beweinung Christi. In Assisi erlebt sie bei der Betrachtung der Fresken von Giotto eine mystische Erfahrung und in Rom besucht sie im Petersdom die liturgischen Hochämter zum Pfingstfest. Diese ästhetischen Impressionen führen die

---

[213] Weil: Schwerkraft und Gnade, S. 97.
[214] Zur Theorie des Zimzum siehe: Gershom Scholem: Die jüdische Mystik in ihren Hauptströmungen. Frankfurt a. M.: Suhrkamp, 1980, bes. S. 267–314.
[215] Vgl. Weil: Aufzeichnungen I, 238.

Philosophin zur Entwicklung einer eigenständigen Theorie
der Ästhetik.

Theorie der Ästhetik

In der systematischen Theologie wurde in der Neuzeit die Kunst eher stiefmütterlich behandelt. Eine ästhetische Theologie als Wissenschaft, die in der Darstellung der Welt nach dem Schönen sucht, nach dem Licht, das auf das menschliche Dasein fallen könnte, versteht ihre Suche und Reflexion im aristotelischen Sinn. Die Betrachtung gilt der ‹poiesis› im klassischen Sinn, d. h. dem Tun und der Kraft, die etwas ins Werk setzt und sich damit von der Praxis unterscheidet. Im schöpferischen Werk, das Neues hervorbringt, liegt einzig das Qualitätskriterium. Die ‹poiesis› hat die ‹techné› zur Basis. Das Kunstwerk wird als in sich abgeschlossen und ‹fertig gestellt› betrachtet. Diese Betrachtungsweise ist der Grund für die stiefmütterliche Behandlung der Kunst in der Theologie. Der Kunst wurde kein eigener Erkenntniswert zugesprochen. Es braucht also etwas anderes als diese aristotelische Betrachtung der Kunst, um deren Relevanz für die theologische Erkenntnislehre zu beweisen.

Simone Weil legt eine Kriteriologie der Künste dar, die in ihrer ästhetischen Bedeutung eine Brücke (‹Metaxy›) zum transzendenten Schönen bilden. Die Bewegungen, die die künstlerischen Produktionen auslösen, ergreifen die ganze Seele[216]. In wenigen Strichen soll die Bedeutung der einzelnen Kunstgattungen im Rahmen dieser ästhetischen Theorie referiert werden.

Bildende Kunst: Die bildende Kunst bewegt die Seele, denn das Bild als endlicher Raum, durch einen Rahmen begrenzt, muss für Weil das Unendliche enthalten. Das Bild drückt eine gewisse Übereinstimmung, ein Verhältnis zwischen dem Endlichen und dem Unbestimmten aus. Giotto und Cézanne malten so, dass die Geheimnishaftigkeit der Schöpfung sich in ihrer Malerei widerspiegelt.

Poesie: In der Dichtung sucht Weil das vollkommene Gedicht, das mit einem Anfang und einem Ende in Versform die

---

[216] Vgl. Weil: Aufzeichnungen III, 391.

118

Leistung vollbringt, ewige Wahrheiten zu übersetzen. Als Beispiele vollkommener Gedichte nennt Weil Sappho, George Herbert und Lieder von Shakespeare[217].

Musik: Jedes Musikstück, Weil nimmt diesen Gedanken von Valéry auf, ist ein Weg, sich von der Stille zu entfernen und zu ihr zurückzukehren[218]. Das eigentliche Erleben der Musik besteht für Weil in einem doppelten Herabstieg, aus Liebe zu wiederholen, was sonst unter den Gesetzen der Schwerkraft leidet. Die Musik Bachs und Mozarts suggeriert die «eigene Gegenwart des Hohen im Niedrigen»[219]. Die Musik ist die Essenz aller Kunst, denn in ihr herrscht wie in der Mathematik das Gesetz der Proportion und der Schönheit. Die Gregorianik ist die höchste Form musikalischen Schaffens. «Eine gregorianische Melodie ist ebenso sehr ein Zeugnis als der Tod eines Märtyrers.»[220] In der Musik vollzieht sich, wie in der Dichtung, eine absteigende Bewegung, um die transzendente Schönheit im Endlichen aufleuchten zu lassen. «Das Aufwärtssteigen der Noten ist ein bloß sinnlicher Aufstieg. Das Abwärtssteigen ist zugleich sinnlicher Abstieg und geistlicher Aufstieg. Dies ist das Paradies, das jedes Wesen begehrt: dass der natürliche Hang es aufsteigen lasse zu dem Guten.»[221]

Architektur in ihrem klassischen Verständnis lebt vom Gleichgewicht. Ein griechischer Tempel oder eine klassische Statue steht unter dem Gesetz von Proportion und Harmonie. In der heutigen Zeit versucht der eidgenössische Architekt Le Corbusier dieses Gleichgewicht wieder herzustellen.

---

[217] Vgl. Weil: Aufzeichnungen I, 144f.

[218] Vgl. aaO, 145.

[219] Weil: Aufzeichnungen I, 239.

[220] Weil: Schwerkraft und Gnade, S. 204.

[221] Weil: Schwerkraft und Gnade, S. 204. Vgl. auch: «Monteverdi hatte bei Platon gefunden, dass die Harmonie eine Verbindung zwischen Dissonanz und Konsonanz ist. Die Auflösung der Dissonanz in eine Konsonanz vollzieht sich absteigend (Dissonanz: Sekunde, Septime, None – Konsonanz: Terz, Quinte, Sexte, Oktave).» (Dies.: Aufzeichnungen III, 162).

Die Kunst in ihrer rezeptionsästhetischen Perspektive betrachtet, verweist aus dem Materiellen und Endlichen auf das Transzendente. Das Schöne, das sich in der Kunst zeigt, ist der «Experimentalbeweis, dass die Inkarnation möglich ist.» Deshalb, so folgert Weil, ist jede wahre Kunst «ihrem Wesen nach religiöse Kunst»[222].

Die Betrachtungen zur Kunst zeigen, dass der Vorwurf der Leibfeindlichkeit im Denken Weils haltlos ist, gerade ihre Schöpfungstheorie lebt von einer grundlegenden Bejahung des Sinnlichen und des Leibes. Der Leib ist der Hinweis auf die Denkbarkeit der Möglichkeit eines Heils, das nicht von uns Menschen stammt. «Der Körper ist ein Hebel für das Heil.»[223]

Weil nimmt in ihren schöpfungstheologischen Aussagen nicht den Basissatz einer christlichen Schöpfungslehre an, der von einer strikten Trennung zwischen dem Endlichen und dem Unendlichen spricht. Diese klassische Aussage einer unaufgebbaren Differenz zwischen Immanenz und Transzendenz geht die Philosophin auf Grund ihres platonischen Ansatzes an, d.h., sie spricht vom Unendlichen als der Idee des Guten, die bei Platon mit Gott identifiziert wird. Damit begründet sie das klassische Theorem der Allmacht Gottes von der Freiheit her.

«Gott ist nicht allmächtig, weil er Schöpfer ist. Die Schöpfung ist Abdankung. Aber er ist allmächtig dadurch, dass seine Abdankung freiwillig ist.»[224]

Die philosophische Theorie der Schöpfung spielt mit der Dialektik von ‹création› und ‹de-création›. Die ‹création› als Schöpfung und die ‹dé-création› als Entschaffung und Entwerden muss als eine Einheit betrachtet werden. Ist die ‹création› dem Akt der Schöpfung zuzuordnen, muss die ‹de-création› der Creatio continua, d. h. dem fortdauernden Schöpfungsakt, zugesprochen werden. Mensch, Welt und Mitwelt sind in einem dialektischen Prozess, der zwei Pole aufweist:

[222] Weil: Schwerkraft und Gnade, S. 204.
[223] Weil: Aufzeichnungen IV, 186.
[224] Weil: Zeugnis für das Gute, S. 202.

Pol I: «Entschaffung: Erschaffenes hinüberführen in das Unerschaffene.»[225]. Die Welt ist das göttliche Gedicht. «Die Welt ist die Sprache Gottes zu uns. Das Universum ist das Wort Gottes. Das Wort.»[226]

Pol II: «Zerstörung: Erschaffenes zurückführen in das Nichts.»[227]

Dass die Schöpfung nicht nihilistisch oder als Akt der Zerstörung zu verstehen sei, ergibt sich aus dem steten Zusammendenken beider Pole. In der Autonomie der Schöpfung Gottes, die der Freiheit des Menschen übereignet ist, muss die menschliche Existenz stets neu den Akt der Ent-Schaffung vollziehen, damit die ‹décréation› Gottes bis zur Wiederherstellung der absoluten Seinsvollkommenheit vollzogen werden kann. Der Mensch als geschaffenes Wesen steht in einem kontinuierlichen Prozess. Einerseits muss er die sinnlich erfahrbare Wirklichkeit als Schein (‹Maya›, Leere) durchschauen, um die kreatürliche Erdung und Verhaftung alles Seienden zu transzendieren. Andererseits gibt er gerade in diesem Vollzug seiner ‹Abdankung› Gott das volle Sein zurück, der in seiner Schöpfung abdankte (vgl. die besprochene Theorie des Zimzum). Mit anderen Worten: Im Verzicht auf das Ich ahmt der Mensch den Verzicht Gottes innerhalb der Schöpfung nach.

Inge Broy verdeutlicht dieses paradoxe Geschehen mit folgender Illustration: «Gott, als die Personifizierung der Liebe und des Guten ist primär im Sinne eines absoluten Seins, das alles umfasst. Bis zum Moment der Schöpfung gibt es nichts außerhalb dieses Seins. In der Schöpfung verzichtet Gott darauf, alles zu sein, damit etwas anderes Existenz haben kann, indem er sich zurückzieht. Dies Andere ist das Erschaffene.»[228] Der Mensch in seiner kreatürlichen Freiheit wird Cooperateur Gottes, indem er sich selbst ent-werdet!

---

[225] Weil: Schwerkraft und Gnade, S. 97.
[226] Weil: Aufzeichnungen III, 163.
[227] Weil: Schwerkraft und Gnade, S. 97.
[228] Inge Broy: Emmanuel Levinas, Simone Weil und ihre Anregungen für die christliche Schöpfungstheologie. In: Josef Wohlmuth

Diese Sichtweise der Schöpfung ist für Simone Weil letztlich trinitarisch bestimmt, womit sie den christlichen Basissatz der Schöpfungstheologie einholt, dass Gott die Welt
aus Liebe geschaffen hat.[229]

Der Begriff ‹Metaxy›, der das Moment des ‹in der Mitte›
oder des ‹Zwischen› meint, kann räumlich oder zeitlich verstanden werden. Simone Weil benutzt dieses Wort, um be-
grifflich die Vermittlungsleistung der Beziehungen zueinander
und als Unterscheidung zweier Seiten voneinander zu benen-
nen. Den Begriff der ‹Metaxy› entnimmt Weil der platonischen Philosophie. Er benennt sowohl das Verhältnis von In-
differenz und Differenz als auch von Raum und Zeit. Die
kreatürlichen Dinge haben allesamt eine Vermittlungsfunktion. Sie sind Vermittlungen der einen Dinge zu den anderen/
der Beziehungen und letztlich zu Gott. Der Begriff ‹Metaxy›
leistet für Weil die schöpfungstheologische Beschreibung des
Gott-Mensch-Verhältnisses, indem zum einen der Gegensatz,
zum anderen die Identität herausgestellt wird. «Zwei Gefan-
gene in benachbarten Zellen, die durch Klopfzeichen gegen
die Mauer miteinander verkehren. Die Mauer ist das Tren-
nende zwischen ihnen, aber sie ist auch das, was ihnen erlaubt, miteinander zu verkehren. Das Gleiche gilt auch für
uns und Gott. Jede Trennung ist eine Verbindung.»[230]

Die Theorie der Schöpfung lässt Weil auch das Moment
des Bösen in der Schöpfung denken. Sie nimmt die scholasti-
sche Definition der Sünde als Mangel am Sein auf, wenn sie
das Böse als die Entfernung und Distanz zwischen Gott und
Schöpfung umschreibt. «Das Böse ist eine Voraussetzung der
Ent-Schaffung.»[231] Es ist die Distanz zwischen Gott und der
Kreatur. Der Prozess der ‹dé-création› bedingt das Ver-
schwinden des Bösen. Das Böse kann nur durch die Freiheit
des Menschen in die Welt kommen. Daher hat es eine ethi-

(Hg.): Emmanuel Levinas – eine Herausforderung für die christliche Theologie. Paderborn: Schöningh, 1998, S. 63–80, 73.

[229] Vgl. Weil: Aufzeichnungen II, 189.
[230] Weil: Schwerkraft und Gnade, S. 197.
[231] Weil: Aufzeichnungen II; 184.

sche Komponente, denn der Prozess der ‹décréation› bedarf der Mitarbeit des Menschen.

Eine beeindruckende Leistung der schöpfungstheologischen Reflexionen von Simone Weil besteht darin, dass sie ihre Schöpfungstheorie, die Autonomie und den Gottesbezug zusammen denken will und diese Aussagen in einen Ansatz einer neuzeitlichen Freiheitsphilosophie einbindet.

Simone Weil legt in ihrer Theorie der ‹décreation› eine Analyse der Selbstreflexion des Menschen vor, die in der neuzeitlichen philosophischen Tradition Frankreichs gut verankert ist. Wird einerseits – in cartesianischer Perspektive – nach der Selbstvergewisserung des Denkens gefragt, weiß eine andere Tradition, dass der Mensch sich sein Universum immer erst durch Zeichen und Symbole zu erschaffen hat.

Im symbolischen Diskurs treffen sich verschiedene Linien: Es werden die raumzeitliche, sprachliche, ästhetische, soziale und psychosomatische Dimension menschlichen Lebens miteinbezogen. Die symbolische Rede in ihrer Polyvalenz enhält auch eine pragmatische Handlungsperspektive. Ein Symbol gibt nicht nur zu denken, sondern leitet zugleich menschliches Handeln. Dieser Gedankengang ist an einem Beispiel zu verdeutlichen. Das Leben von Gandhi ist heute nicht nur Symbol des politischen Widerstands Indiens gegen das britische Kolonialreich, sondern kann zugleich Anregungen zur aktuellen Debatte um einen gewaltfreien Widerstand bieten. Der pragmatische Kontext eines Symbols übersetzt das Sinnpotenzial und dient als Sinnvorgabe des menschlichen Handelns hier und heute. Das Symbol gibt zu denken und stiftet zum Handeln an (vgl. dazu die offene Struktur jesuanischer Gleichnisse "Dann handle ebenso …").

Das Symbol greift auf die Einheit von Leib und Seele zurück. Die Leibfunktionen drücken das Seelische aus. Das Seelische wird durch die leibliche Funktion versinnbildlicht. Das Symbol erweist sich dabei als eine Realität, die ein anderes enthält. Darin unterscheidet sich das Symbol vom Zeichen. Während das Zeichen als Ausdruck einer Konvention funktioniert (z. B. das Rot einer Verkehrsampel steht für Stopp), lebt das Symbol grundsätzlich von seiner Verweisfunktion. Das Symbol partizipiert an dem Symbolisierten. So drückt beispielsweise das Symbol ‹Ehering› die Realität einer liebenden Beziehung von Mann und Frau aus. Das Symbol, hierin stimmt es mit dem Zeichen überein, ist auf Grund seiner materialen Beschaffenheit anschaulich. Das sinnfällige und anschauliche Symbol lebt von (s)einem Sinnüberschuss. Dieser Sinnüberschuss bleibt jedoch nicht auf das Materielle und Kreatürliche beschränkt (so z. B. symbolisiert die Nationalflagge jene Nation, für die sie steht), sondern beinhaltet zugleich eine Verweisfunktion auf das Übersinnliche und Transzendente. Durch das Symbol werden Erfahrungsdimensionen geöffnet, die sonst verdeckt blieben (z. B. das Traumsymbol steht für das Gelebte).

Mit diesem Aspekt beschäftigen sich nicht nur Theologie, Religionsgeschichte und Religionsphänomenologie, sondern auch die Kunst. Das Symbol hat eine nonverbale und eine verbale Komponente, wobei Übergänge möglich sind und die nicht-sprachliche Komponente von der sprachlichen ihren Sinn erhält.[232] Das Symbol ist nie Selbstzweck, sondern es bewegt sich immer auf etwas zu; es verweist auf das Gemeinte, ohne es jedoch selbst zu sein.[233] Einen weiteren Vorteil gegenüber der Figur der Analogie der klassischen theologischen Erkenntnislehre bietet die Arbeit mit der Figur des Symbols im Rahmen einer erkenntnistheoretischen Perspektive. Sie bietet die Reflexion auf den leiblichen Aspekt menschlichen Lebens und Erkennens. Der Leib ist das Instrument, mit dem der Mensch seine Bezüge zu Mit- und Umwelt symbolisiert. Die Ausdrucksmöglichkeiten beinhalten ein symbolisches Netz, das alle menschlichen Bezüge umfasst. Analog zur Sprachlichkeit menschlicher Existenz kann gesagt werden, dass der Mensch nicht einen Leib hat, sondern dass der Mensch Leib ‹ist›. Den leiblichen Bezug des symbolischen Diskurses untersucht heute besonders die theoretische Richtung der gender

---

[232] Mit dieser Aussage unterscheidet sich das Symbol von der Geste.
[233] So verstehen wir z. B. das Geschenk als Ausdruck/Symbol der Zuneigung, Freundschaft oder Liebe. Das Geschenk symbolisiert das Gemeinte.

aware, die sich methodologisch über die Geschlechterverhält-
nisse und ihre Implikationen Bewusstsein verschaffen will.
Unter den hier aufgezählten Aspekten lässt sich der Mensch
in einer ganzheitlichen Schau als das höchste Symbol aufwei-
sen und verstehen, denn das menschliche Leben kann selbst
Symbolqualität besitzen. So kann z. B. die Person Gandhis
als Symbol für einen gewaltfreien Widerstand gesehen und
nachgeahmt werden. Auch die Kunst partizipiert an diesen
anthropologischen Grundlinien auf ihre Weise und verweist
im Besonderen auf die Imagination als menschliche Grund-
konstante. Die verschiedenen Symboltheorien der Philosophie
zeigen diesen Grundzug der symbolischen Wahrnehmung von
Welt für unser menschliches Erkennen und Handeln auf.
Neben dem Entwurf Simone Weils sind besonders folgende
Symboltheorien der neueren Philosophie zu bedenken: Ernst
Cassirer und Paul Ricœur.[234]

---

[234] Siehe dazu etwa: Enst Cassirer: Wesen und Wirken des Symbol-
begriffs. Darmstadt: Wissenschaftliche Buchgesellschaft Darmstadt, 1976 und Paul Ricœur: Symbolik des Bösen.

Schönheit

In Verbindung mit der ‹décréation› ist bei Simone Weil die Theorie des Schönen zu betrachten. Streng genommen gibt es eine Ästhetik als eigene philosophische Disziplin erst seit der Neuzeit, die als Disziplin erst durch die betonte Hinwendung zum erkennenden Subjekt in den Fokus der Reflexion trat. Der deutsche Philosoph Alexander Gottlieb Baumgarten (1714–1762) war der erste, der eine Theorie der Ästhetik entworfen hat. In einem weiteren Sinn lässt sich Ästhetik für jede Theorie des Schönen verwenden. Platon und die neuplatonische Tradition schreiben dem Schönen transzendente Qualität zu[235]. In der mittelalterlichen Theologie wird das Schöne als Motiv der Teilhabe des Geschaffenen an der Schönheit des Schöpfers bedacht. Es wird eine Identifizierung des Schönen mit der seinshaften Güte vorgenommen.

Bei Simone Weil kommt dem Schönen eine zentrale Bedeutung zu, insofern das Schöne wie das Leiden einen Weg darstellen, dem menschlichen Dasein Sinn zu verleihen. Das höchste und letzte Geheimnis ist das Schöne.

> «Es gibt im menschlichen Leben drei Mysterien, von denen alle menschlichen Wesen, selbst die minderwertigsten, mehr oder weniger Kenntnis haben. Das eine ist die Schönheit. Ein anderes ist das Wirken der reinen, auf die Betrachtung der theoretischen Notwendigkeit in der Erkenntnis der Welt angewandten Intelligenz und die praktische Verwirklichung der rein theoretischen Vorstellungen in Technik und Arbeit. Das letzte sind die Funktionen von Gerechtigkeit, Mitleid, Dankbarkeit, die manchmal inmitten der Härte und metallischen Kälte der menschlichen Beziehungen auftauchen.»[236]

---

[235] Vgl. Phaidon 250d, Gastmahl 203c, 204b; Plotin Enn I, 6, 7; V, 8, 7; I, 6, 7.

[236] Weil: Vorchristliche Schau, S. 146.

Diese Mysterien sind von allen Menschen anerkannt und werden als erkenntnistheoretische Richtschnur von allen als Norm betrachtet.

Das Schöne übt sakrale Funktionen (vgl. die Bedeutung des gregorianischen Gesangs, die mystische Erfahrung) aus und initiiert die Erkenntnis für die Wirklichkeit des Seins. Denn das Schöne ist ein Appell der Seele, die Wirklichkeit zu schauen. Es gibt für Weil nur die Schönheit der Welt, selbst deren Verfälschungen, Pervertierungen oder Manipulationen sind Spiegelungen dieser einen Schönheit. «Die Schönheit ist ein Mysterium; das Geheimnishafteste hier unten. Aber sie ist eine Tatsache.»[237]

Die ästhetische Erkenntnistheorie nimmt den Weg Kants, um das uns Unerkennbare im Erkennbaren kenntlich zu machen. Das Schöne als Ausdruck der ‹attente› führt zur Wahrheit und ist letztlich als ein Sakrament zu verstehen.

> «Die Schönheit der Welt, das ist das Lächeln der Zärtlichkeit Christi für uns durch die Materie. Er ist wirklich für uns in der Materie gegenwärtig. Er ist wirklich in der universellen Schönheit gegenwärtig. Die Liebe dieser Schönheit kommt aus dem Vater, steigt in unsere Seele und geht wieder zum Vater, der im Universum gegenwärtig ist, zurück.»[238]

Das Schöne als ein Versprechen, als Spiel der menschlichen Wünsche, ist die «Pforte» zum Garten der Erkenntnis. Das Schöne ist zwecklos und unterscheidet sich dadurch von allen anderen Dingen und Eigenschaften des Kreatürlichen, die eine Zweckmäßigkeit besitzen. Das Schöne in seiner Vermittlungsfunktion als Moment der Entschaffung der Schöpfung fungiert damit als Weg zur Transzendenz. Das Schöne ist notwendiger Erkenntnis- und Heilsweg.

---

[237] AaO, S. 140.
[238] Weil: Attente de Dieu, S. 154.

«Das Schöne. Materie, die durch die Sinne die geistige Vollkommenheit spürbar macht. Materie, die den transzendenten
Teil der Seele zwingt, sichtbar zu werden.»[239]

Das Schöne ist für den Menschen deshalb notwendigerweise
zwecklos. Stets betont Simone Weil in den Aufzeichnungen
ihre Anleihe bei Kant, den sie jedoch mit dem platonischen
Erbe ihrer Philosophie verbindet.[240]

Das Schöne in seiner Vermittlungsfunktion ist Mittel und
Ziel in einem. Über das Schöne kommt die menschliche Erkenntnis zum Sein und besitzt darin seine Überzeugungskraft
der Erkenntnis.[241] Das einzelne Schöne weist von sich aus immer auf die Schönheit als solche. Das Schöne ist zeitlos und
dauert über den eigentlichen Denk- und Erkenntnisakt des
Schönen hinaus. Das Schöne ist unantastbar und unveränder-
lich. Die Begegnung und Erfahrung des Schönen ist reine Lust
und vermittelt Freude. In dieser Aussage verbindet Simone
Weil die Lehre der *visio beatifica* der mittelalterlichen Theologie mit den gewonnenen Erkenntnissen ihrer Lektüre der
Upanishaden.

Alle Merkmale des Schönen vereinen sich in dem letzten und grundlegenden Merkmal der Harmonie. Die Harmonie verbindet die Gegensätze und das Getrennte. Im Vordergrund steht die Vermittlung des eigentlichen Zwecks der
Schönheit, die Verbindung von Immanenz und Transzendenz.
In ihrer Ästhetik bespricht Simone Weil verschiedene Kunst-
richtungen. So urteilt Simone Weil beispielsweise über die
Malerei:

«Die große Malerei vermittelt den Eindruck, dass Gott einen
Blickwinkel auf die Welt, eine Perspektive berührt, ohne dass der
Maler oder der Bewunderer des Bildes da wären, um dieses
Zwiegespräch zu stören. Daher die großen Stile in der großen

---

[239] Weil: Aufzeichnungen II, 252.
[240] Vgl. Weil: Aufzeichnungen II, 185; III, 157.189.192f.
[241] Vgl. Platon: Symposium 210 4 7 bis 211 b 3.

Malerei. Deshalb gibt es keine große Malerei ohne Heiligkeit oder etwas, was ihr sehr nahe kommt.»[242]

Die Funktion der Vermittlung der Transzendenz, hierin trifft die Theorie der décréation mit der Theorie des Schönen zusammen, ist die Idee einer Schöpfung. Die Schöpfung als Vereinigung der strikten Gegensätze von Transzendenz und Immanenz, spiegelt die manifestierte Harmonie und das sichtbar gewordene Göttliche. Die Schöpfung ist Manifestation des göttlichen Wortes. Die Welt versteht Weil, unter Einschluss der Theorie der décréation und der Theorie des Schönen, als Symbol Gottes, in dem der Mensch die Spuren Gottes lesen kann. Die Metapher der Spur verweist sowohl auf die Geschichtlichkeit dieses Erkenntnisweges als auch auf die ethische Dimension, die sich mit dem Postulat des nachhaltigen Umgangs mit der Schöpfung verbindet.

Das Schöne in seiner notwendigen Zweckmäßigkeit führt zum Transzendenten. Um diesen Gedanken weiter auszubauen, verwendet Weil in ihrer Theorie den Begriff der List. «Die Schönheit ist eine Falle Gottes, damit wir dem Gehorsam zustimmen, in den er uns durch Zwang zurückführt.»[243]

Die Theorie des Schönen bei Simone Weil nimmt Kriterien der Schultheologie zum Schönen auf und verbindet sie mit einer neuzeitlichen ästhetischen Erkenntnistheorie. Die Bedeutung des Schönen als Ausgangspunkt einer nachmetaphysischen Theologie erhält in der Postmoderne neuen Auftrieb.

---

[242] Weil: Aufzeichnungen III, 25.
[243] Weil: Œuvres complètes, Bd. VI, S. 373.

Unglück

«Unter allen Leiden, die uns zustoßen können, ist das Unglück etwas Besonderes, etwas Einzigartiges und Unvergleichliches. Es ist etwas völlig anderes als das bloße Leiden.»[244] Liest man die Schriften Simone Weils zum ersten Mal, dann fällt auf, wie stark sie von Leid, Schmerz, Trauer und Tod spricht. Manche spüren bei ihr so etwas wie eine Leidensmystik. Was hat es mit der Rede vom Unglück auf sich?

Der Mensch ist einerseits frei, dadurch erfährt er Leid wie Freude. In Freude und Leid wird der Mensch von der Notwendigkeit berührt, d.h. die Kontingenz erlaubt ein Dasein immer nur unter bestimmten zu denken. Das Unglück erfuhr Weil besonders während ihrer Fabrikarbeit und bei der Teilnahme am spanischen Bürgerkrieg. Der körperliche Schmerz, das seelische Leiden unter der Ohnmachtserfahrung am Fließband, die soziale Missachtung und die politisch motivierte Gewalt sind Momente des Unglücks. Der leidende Mensch wird seiner Persönlichkeit beraubt, zu einem Objekt degradiert. Der leidende Mensch schreit sein Unglück heraus. Er stellt sich und der Welt die schreckliche Frage «Warum?». Eine Frage, die sich nicht theoretisch beantworten lässt. Alle Versuche der klassischen Theodizee sind, so Simone Weil, mehr oder weniger gescheitert.

Das Unglück ist weder identisch mit dem erlittenen Leid, noch mit Schmerz und Leid, sondern impliziert sowohl den physischen Schmerz, die Hoffnungslosigkeit, soziale Erniedrigung, das Gefühl der Entehrung als auch den Fluch. Das Leiden verhärtet, lässt verzweifeln wie entfremden und bringt in Herz und Seele das Gift der Trägheit und Immobilität. Weil versteht das Leiden ganzheitlich, denn ein Unglück liegt dann vor, «wenn das Ereignis, das ein Leben ergriffen und entwurzelt hat, es unmittelbar oder mittelbar in allen seinen Teilen, in seinem sozialen, psychologischen und physischen Teil ge-

---

[244] Weil: Das Unglück und die Gottesliebe, S. 110.

troffen hat.»[245] Die Erfahrung der Fabrikarbeit war für Weil eine solche Erfahrung radikaler Entfremdung.

Die Abwesenheit Gottes ist das Grauen und die schlimmste Erfahrung des Leidens. «Während dieser Abwesenheit gibt es nichts, das man lieben könnte.»[246] Die unbeantwortete Frage nach dem Warum spiegelt die Zerrissenheit der Seele und der Welt.

Das Christentum läutet für Weil einen neuen Umgang mit dem Phänomen des Leidens ein. Das Leiden, das weder erklärt noch glorifiziert werden kann, ist auch nicht durch das Moment der Tröstung zum Schweigen zu bringen. Weil greift die Ansätze der klassischen Religionskritik auf[247], wenn sie die Tröstung durch Religion als eine Illusion entlarvt, und drängt zu einer ethischen Besinnung des Leidens als den neuen christlichen Umgang mit dem Leid. Die Erfahrung des Leidens ist für den modernen Menschen, wie die Erfahrung der Schönheit, eine Möglichkeit, Gott in seinem Leben zu denken und zu erfahren.

Angesichts der Ungeheuerlichkeit, der Brutalität und der Absurdität des Leidens bleiben dem Menschen in dieser existenziellen Verzweiflung zwei Möglichkeiten offen. Nicht mehr zu lieben, um letztlich die spirituelle Erfahrung eines ‹zweiten Todes›, der endgültigen Erfahrung der Gottesferne zu machen, oder das ‹absurde Weiterlieben›. «Die Seele muss fortfahren, ins Leere hinein zu lieben, oder zumindest lieben zu wollen, sei es auch nur mit dem winzigsten Teil ihrer selbst.»[248]

Mittels der alttestamentlichen Gestalt Hiobs verdeutlicht Simone Weil ihre Theorie des Unglücks. Hiob ist für Weil der reine und absurde Schrei des menschlichen Elends. Er manifestiert eine nackte Wirklichkeit. Hiob, der viel verloren hat, schöpft das Leiden ganz aus. Er steht für das äußerste Un-

---

[245] AaO, S. 112.

[246] AaO, S. 114.

[247] «Die Religion als Quelle des Trostes ist ein Hindernis für den wahren Glauben, und in diesem Sinn ist der Atheismus eine Reinigung.» (Weil: Aufzeichnungen II, 151).

[248] Weil: Das Unglück und die Gottesliebe, S. 115.

glück und versucht dennoch, Gott zu lieben. Hiob fragt und klagt Gott an. Gott erklärt weder das Mysterium des Bösen noch den (Un-)Sinn des Unglücks des Gerechten, er offenbart Hiob dagegen die Schönheit der Welt[249]. Damit gibt Gott keine direkte Antwort auf Hiobs Fragen und Klagen. In Gottes Antwort, in seiner Zuwendung liegt die Antwort. Die Zuwendung Gottes auch im Leid macht den biblischen Hiob für Weil zu einer *praefiguratio Christi* und lehrt, Schmerz und Schönheit zusammen zu sehen.

Kriege, Terrorismus, die Weltöffentlichkeit aufrüttelnde Kriegsverbrechen wie My Lai, Kigali, Srebrenica, Orte, an denen Millionen von Toten dem Hass und der Gewalt zum Opfer fallen, Kinderarbeit,Drogen und Prostitution lassen die biblische Frage ‹Wo bist du Gott?›[250] sowie die schreiende Frage vieler Nichtglaubenden (oder nicht mehr Glaubenden) nach der Rationalität aktuell erscheinen. Die klassische Fragestellung der Metaphysik ‹Utrum Deus sit?› erhält durch die aufgeführten Fragen eine existentielle Note, die die klassische Theologie wie Philosophie nicht kannte. Die Theorie des Unglücks bei Simone Weil nimmt diese radikale Fragestellung der Neuzeit auf und entwickelt methodisch einen Weg, wie angesichts dieser schreienden Ungerechtigkeiten und des Leidens in einer existentiellen Weise von der Schöpfung als Gottes Schöpfung zu sprechen ist.

---

[249] Vgl. Weil: Aufzeichnungen III, 219.

[250] Als biblische Illustration dieser Frage können gelesen werden Ps 10,1: «Warum, Herr, bist du fern, verbirgst dich in der Zeit der Not?» oder Ps 13,2: «Wie lange, Herr! Willst du mich ganz vergessen? Wie lange verbirgst du dein Angesicht vor mir? Wie lange soll ich Sorge tragen in meiner Seele, Kummer in meinem Herzen, Tag für Tag? Wie lange noch soll mein Feind sich über mich erheben? Sieh mich an, erhöre mich, Herr, mein Gott.»

Sakramente

Wiederholt stellt sich Simone Weil im Rahmen ihrer religionsphilosophischen Reflexionen die Frage nach dem Sakramentalen und den Sakramenten. Neben der existentiellen Beschäftigung mit dem Sakrament der Taufe taucht in den Aufzeichnungen und Schriften der jungen Frau immer wieder die Auseinandersetzung mit dem Sakrament der Eucharistie auf. In diesem Sakrament der katholischen Kirche sieht Weil, ausgehend vom johanneischen Bild des Weizenkorns, das sterben muss, um Frucht zu bringen (Joh 12,24) und der matthäischen Szene des eschatologischen Gerichts (Mt 25), zentrale Themen ihrer Philosophie sakramententheologisch fokussiert. «Das übernatürliche Brot – die Voraussetzung ist vielleicht, dass man an die Grenzen gestoßen ist und sie gesprengt hat.»[251] Taufe und Eucharistie kehren im Denken Weils stets unter dem Symbol der Grenze wieder. Damit drückt sie ihre existentielle wie intellektuelle Beschäftigung mit diesen Sakramenten aus, die sie einerseits an die Grenze der Glaubensgemeinschaft führte. Andererseits ist sie Auseinandersetzung ihrer denkerischen Beschäftigung mit dem Glaubensmysterium. Die Geist-Materie-Thematik der eucharistischen Wandlung verbindet Weil mit ihrer Geisterfahrung als Fabrikarbeiterin: «Materielle Arbeit: ich tue nur, was eine Maschine an meiner Stelle tun würde. Aber darin liegt der Wert der Arbeit, Fluch und Erlösung. Mein Verstand und meine Liebe werden zur Materie. Eucharistie. Gott, einerseits, andererseits reine Materie.»[252]

In ihrem Aufsatz «Théorie des sacrements/Theorie der Sakramente», den Simone Weil am Ende ihres Lebens schreibt (1943), bündelt sie Einsichten und Gedanken zu einer Fundamentaltheorie der Sakramente. Sie will das ‹Funktionieren› der Sakramente theoretisch erörtern. Ihre Abhandlungen versteht sie jedoch nicht im Sinne einer allgemeinen Sakramen-

---

[251] Weil: Aufzeichnungen II, 19.
[252] AaO, 98.

tenlehre. Im Bedenken der beiden großen Sakramente, Taufe und Eucharistie, verbindet Simone Weil klassische Themen der kirchlichen Sakramentenlehre (z. B. Wille und Erkennen) mit eigenen Erkenntnissen und Einsichten. Wie geht sie dabei vor?

Der menschliche Wille erschließt das Gute, das nur empfangen werden kann, durch den ‹désir› (Wunsch, Verlangen), der wiederum auf das absolute Gute ausgerichtet ist. «Indem wir all unser Verlangen nach dem Guten in eine Sache verlegen, machen wir diese Sache zu einer Vorbedingung unserer Existenz. Aber wir machen sie darum nicht zu einem Gut. Wir wollen immer etwas anderes als existieren.»[253] Der «désir» des Menschen wächst in seiner Intensität proportional zur Zeit. Je mehr Zeit ich für eine Sache aufwende, sie mir sehnlichst wünsche, umso größer ist mein Verlangen nach dieser Sache. Es ist ein Verlangen, das so stark ist wie der Hunger.

Der menschliche Wille geht durch den ‹désir› eine Verbindung mit der Materie ein: Diese Verbindung kann aber, da es sich um das absolute Gut handelt, nur im Glauben ratifiziert werden. Im ‹désir› treffen sich die Seele des Menschen und Gott in einem Kontakt: «Aus diesem Wunsch ist wünschen [...] die einzige Bedingung, um einen realen Kontakt zwischen der Seele und Gott zu erreichen.»[254] Das Sakrament symbolisiert im Sinne Weils eine solche gesuchte Verbindung von Gott und Mensch, denn das Sakrament ist einerseits Gabe der göttlichen Gnade, wie es andererseits durch seinen materiellen Charakter im Leben der Menschen verwurzelt ist. Der Glaube an diese Identität der sakramentalen Struktur menschlichen Lebens durchdringt das ganze Wesen des Menschen. Mit anderen Worten: Erkenntnis und Einbildungskraft des Menschen müssen auf den ‹désir› ausgerichtet sein. Simone Weil weitet die klassische Sakramentenlehre mittels der Kantschen Theorie der Einbildungskraft. Durch die Hereinnahme der Einbildungskraft wird sowohl das subjektive Moment im

---

[253] Weil: Schwerkraft und Gnade, S. 251.
[254] Weil: Sacrements, S. 138.

Sakramentsvollzug stärker gewichtet, als auch die dynamisch-prozessuale Perspektive des Lebens mit den Sakramenten betrachtet. Die beiden Pole des Sakamentsvollzugs, die subjektive Aneignung wie die objektive Heilsvorgabe werden in dieser Theorie in einen Zusammenhang gestellt. Das Heilvolle, Unverdiente der Sakramente bedenkt Simone Weil im Zusammenspiel von Menschlichem und Göttlichem im Sakrament. Steigert sich nämlich der menschliche ‹désir›, so kommt es im sakramentalen Vollzug zur ‹attente immobile›, d.h. der Mensch ist, biblisch gesprochen, passiv zu denken, denn er wartet und hört im Warten die Botschaft.

Mit dem Begriff des ‹untätigen Wartens› verbindet Weil ihre Sakramententheorie mit einem ihrer Grundgedanken: das Warten (‹attente›). Das Warten bedeutet Verfügbarkeit und Transparenz. Es qualifiziert sich als eine unaufgebbare Funktion des Verstandes, wenn der Verstand zur Beurteilung einer Sache gelangen will, und meint eine unveränderliche Offenheit für eine reale Seinsordnung. Dadurch werden die Dinge für den Geist transparent. Das Warten bezeichnet ebenso die Aufmerksamkeit für die Verbindung mit Gott und dem Nächsten. Existenzial gelebte Aufmerksamkeit meint die Übung der totalen Transparenz und der totalen Hingabe: «Wenn man mit Aufmerksamkeit und Liebe an Gott denkt, belohnt er einen, indem er auf die Seele einen Zwang ausübt, der zur Aufmerksamkeit und zur Liebe genau proportional ist.»[255] Das Sakrament der Eucharistie spiegelt den Moment der ‹attente› wider: «Wer die Leere einen Augenblick lang erträgt – empfängt entweder das übernatürliche Brot, oder er fällt.»[256]

Den inkarnatorischen Grundzug des christlichen Glaubens, die Bezugnahme der Sakramente auf Jesus Christus sieht Weil in der Erinnerung an die Menschwerdung Gottes gegeben. In der kenotischen Struktur des Heils, in Geburt und Kreuz Jesu Christi, entäußert sich Gott total. Das Sakrament der Eucharistie ist der symbolisch-sakramentale Nach-

[255] Weil: Aufzeichnungen II, 182.
[256] AaO, 24.

vollzug dieser Entäußerung Gottes. «Damit die Liebe zu Gott in eine solche Tiefe vordringt (übernatürliches Brot), muss die Natur die äußerste Gewalt erlitten haben. Hiob. Kreuz.»[257] Mit ihrem inkarnatorischen Ansatz steht Weil in der Tradition des französischen Oratorianers Pierre Kardinal Bérulle, dessen Theologie bei einer Christologie ‹von unten› ansetzt, um die Heilsbedeutung des Lebens Jesu von Nazaret nachzuzeichnen. Deswegen spricht Bérulle ebenfalls von der Rolle des menschlichen Willens, den Gott in seiner Freiheit respektiert.

Die Gabe der Sakramente wird für den Menschen zu einer Auf-Gabe. Weil, die engagierte Sozialtheoretikerin, spricht in ihrem Werk immer wieder die ethische Dimension der Sakramente an. Im Blick auf die eucharistische Präsenz Christi verweist sie des Öfteren auf die eschatologische Gerichtsszene im Matthäusevangelium: «Wenn ein Bettler Hunger hat, so ist das in einem gewissen Sinn viel wichtiger, als wenn Christus Hunger hätte. Christus als Mensch. Aber das Wort, das Fleisch geworden ist, hungert danach, dass dieser Bettler zu essen bekommt, wenn man sich eine göttliche Entsprechung zum Verlangen vorstellen kann.»[258]

Der Wunsch

Der ‹désir› thematisiert für Weil auch die Geschichtlichkeit des Menschen. Er ist eine nicht zu unterdrückende Kraft, die in die Zukunft drängt. Ihm seine Energie zu stehlen, hieße für Weil, ihm die Ausrichtung auf die Zeit zu nehmen. Weil kommt in diesem Zusammenhang auf das Mysterium der Zeit zu sprechen, in dem sich alle philosophischen Probleme bündeln. Die Sakramente stehen in einer Beziehung zur Zeit, denn sie sind für Weil Augenblicke der Ewigkeit, in denen der Mensch von einer Ebene auf eine andere übergeht. In diesem Gedan-

[257] AaO, 229.
[258] AaO, 274, vgl. 316.

ken zeigen sich die platonischen Grundzüge der Weilschen Philosophie:

«Die Ewigkeit findet durch Augenblicke als Zwischenglied Eingang in die Zeit. Man kann einen Augenblick nur durch materielle Umstände eingrenzen. Was ist heiliger, als wenn sich diese Umstände auf die Vereinigung von Ewigkeit und Zeit, auf die Inkarnation zurückführen lassen?»[259] Die Zeit ist das Material frei gebender Liebe des Menschen, während sie aus göttlicher Perspektive betrachtet als ein Wort Gottes zu verstehen ist, der auf die Antwort der Liebe der Menschen wartet. Geschieht dieser Prozess mit Einwilligung der menschlichen Freiheit, dann widerfährt dem Menschen die Gnade Gottes in ihrer raum-zeitlichen Manifestation: Der Mensch wird der Ewigkeit teilhaftig. «Die Zeit anzuhalten ist übernatürlich. An dieser Stelle tritt die Ewigkeit in die Zeit ein.»[260]

Die Sakramente als Auf-Gabe des empfangenen Heils rufen in einer erkenntnistheoretischen Sicht nach einer neuen (und anderen) Leseart der materiellen Welt. Das Schöne lässt die Ankunft Gottes in der Welt denken. Mit anderen Worten: In der Perspektive einer ästhetischen Erkenntnistheorie kann Weil dem Schönen den Rang eines Experimentalbeweises zusprechen, um die Inkarnation als eine Denkmöglichkeit zu erweisen. Die Mensch- und Weltwerdung Gottes, durch die sich Gott der Menschen und der Welt annimmt, manifestiert sich für die sinnliche Wahrnehmung als Schönes und Gutes. Diese Begegnung besitzt symbolisch-sakramentalen Charakter. In der von den Sakramenten initiierten Leseart verwandelt der Mensch die vorhandene Welt. Die menschliche Einbildungskraft erhält durch das Sakrament ein «Mehr», das es immer wieder real ins Dasein umzusetzen gilt. Das «open end» der Ausbeutung dieses «Mehr» der Einbildungskraft umfasst alle Lebensbereiche des Menschen. Durch die sakramentale Symbolik erhält die Reflexion ein Mehr, das der Verstand alleine nicht denken konnte. Die innovative Kraft

---

[259] AaO, 174.
[260] AaO, 241.

der Sakramente umfasst nicht nur den personalen Gott-Mensch-Bezug, sondern umgreift auch das Verständnis der Mit- und Umwelt der jeweiligen Person. Die Sakramente leben aus einem Verständnis der Welt, das «nicht einigen Sonntagsstunden vorbehalten» bleibt, sondern im Alltagsleben anwesend sein sollte[261].

Als typisches Beispiel dieser rezeptionsästhetischen Sichtweise der Sakramente gilt für Simone Weil die Eucharistie. Die Eucharistie wandelt Mensch und Welt unter dem Aspekt des Glaubens immer neu und immer intensiver.

> «Natürlich ist ganz einfach das, was tatsächlich in unser Fassungsvermögen gelegt wurde; aber alle Teile des menschlichen Lebens enthalten die gleiche Dichte von Mysterium, Absurdität, Unfassbarkeit wie zum Beispiel die Eucharistie, und es ist auch bei allen gleich unmöglich, sie durch einen anderen wirklichen Kontakt zu berühren, als durch die Fähigkeit der übernatürlichen Liebe.»[262]

[261] Weil: Einwurzelung, S. 137.
[262] Weil: Aufzeichnungen II, 253.

Kirche

Auf ihrem Glaubensweg bleibt Simone Weil auf der Schwelle zur Kirche stehen. Diese Situation beschreibt sie in ihrem Gedicht «Die Pforte» eindrücklich. In ihrem letzten Text, der wahrscheinlich kurz vor dem Aufenthalt im Sanatorium noch in London geschrieben wurde, formuliert Simone Weil ein beeindruckendes Glaubensbekenntnis, das ihren ganzen spirituellen Weg zusammenfasst:

> «Ich glaube an Gott, an die Trinität, die Inkarnation, die Erlösung, die Eucharistie, die Lehren des Evangeliums. Ich glaube, - das heisst nicht, dass ich alles, was die Kirche zu diesen Punkten sagt, übernehme, wie man Erfahrungstatsachen oder Theoreme der Geometrie behauptet, sondern dass ich durch die Liebe der vollkommenen, unfassbaren Wahrheit angehöre, welche in diesen Mysterien enthalten ist, und dass ich versuche, meine Seele für sie zu öffnen, um ihr Licht in mich eindringen zu lassen.»[263]

Die Kirche, das war für Weil zunächst die römisch-katholische Kirche, sowie deren Riten, Liturgien und Gesänge, die sie so sehr liebte. In ihrem ersten Brief an Pater Perrin schreibt Weil, dass sie keine Liebe zur Kirche im eigentlichen Sinn besässe. Denn die Kirche war für sie ebenso die soziale Gestalt, die Institution, die mit Schuld beladene und in die Tragik verstrickte Anstalt, die es auf sich nehmen kann, Anathemata und Exkommunikationen auszusprechen.[264] Weil erinnert in ihren Schriften immer wieder daran, dass die katholische Kirche auf Andersdenkende, Ketzer und Hexen mittels der Inquisition Druck und Gewalt ausübte, sie aus der Kirche ausschloss. Die Kirche als soziale Institution denke zunächst

---

[263] Weil: ‹Le dernier texte›. In: Pensées, 149–153, deutsch übersetzt: ‹Letzter Text›. In Merkur 45 (1998), S. 290–292, 290.

[264] Es gibt einen Zwang zur Häresie, um die Wahrheit zu erkunden. «Wie kann man denn wissen, ob ein bestimmter Irrtum für einen bestimmten Geist nicht als Schritt auf seinem Weg notwendig ist?» (Weil: Aufzeichnungen II, 137f.).

nicht an das Individuum, sondern habe die Verhaltensweise eines ‹großen Tieres›, die für kollektive Einflüsse besonders empfänglich sei. Darin liegt für Weil eine große Gefahr des Kirchlichen. «Ich fürchte jenen Kirchenpatriotismus, der in katholischen Kreisen herrscht. Unter Patriotismus verstehe ich hier jenes Gefühl, das man einem irdischen Vaterland entgegenbringt.»[265] Weil fürchtet, von diesem Patriotismus angesteckt zu werden. Das Soziale steht in der Kirche über dem Individuum. Heilige, so Simone Weil, haben Kreuzzüge und Inquisition gebilligt.

«Die Kirche ist ein totalitäres großes Tier gewesen. Sie hat mit der Verfälschung der gesamten Menschheitsgeschichte zu apologetischen Zwecken angefangen.»[266] Simone Weil weiss um die Bedeutung der Kirche als Vermittlungsinstanz der Glaubensbotschaft, die geschichtlich-konkrete Manifestation dieses ideellen Anspruchs unterliegt für sie jedoch den Gefahren geschichtlicher Fehlentwicklungen und Missbräuche. Als soziale Einrichtung untersteht die Kirche «der Herrschaft des Fürsten dieser Welt. Eben weil sie ein Organ zur Bewahrung und Vermittlung der Wahrheit ist, liegt darin eine äußerste Gefahr für jene, die wie ich der Verletzung durch die sozialen Einflüsse übermäßig ausgesetzt sind.»[267]

In der geschichtlichen und sozialen Gestalt der Kirche wird das Reinste mit dem Übernatürlichen unrein vermischt. Diese Vermischung der Perspektiven führe zu blinden Flecken in der Wahrnehmung der Sozialstruktur der Kirche.

> «Es gibt ein katholisches Milieu, wo man bereit ist, jeden Eintre-tenden auf das herzlichste zu empfangen. Ich will aber nicht von einem Milieu aufgenommen werden, ich will nicht in einem Mi-lieu wohnen, wo man ‹wir› sagt, und ein Teil dieses ‹wir› sein; ich will in keinem menschlichen Milieu, gleich welchem, zuhause sein.»[268]

---

[265] Weil: Das Unglück und die Gottesliebe, S. 32.
[266] Weil: Aufzeichnungen III, 343.
[267] Weil: Das Unglück und die Gottesliebe, S. 33.
[268] AaO, S. 34.

In dem vierten Brief Simone Weils an Pater Perrin kommt sie nochmals auf die gesellschaftliche Funktion der Kirche zu sprechen. Die Kirche habe von der Verheißung Gottes zu leben. Das Leitungsamt in der Kirche habe die Aufgabe und Pflicht, das Dogma zu bewahren. Diese Aufgabe ist unentbehrlich für die Kirche in der Welt und Gesellschaft. Für diese Funktionen sind weder Strafandrohung und Druck, Exkommunikationen noch Zwangsmaßnahmen adäquate Mittel. Es besteht aber ein wesentlicher Missbrauch dieser Amtsgewalt für Weil darin, wenn die Kirche «den Anspruch erhebt, die Liebe und die Vernunfteinsicht zu zwingen, dass sie ihre Sprache als Norm gelten» lässt. Diese Anmaßung entspricht der «natürlichen Neigung jedes Kollektivs ohne Ausnahme, seine Gewalt zu missbrauchen.»[269]

Die Verherrlichung und Glorifizierung der irdischen, geschichtlichen und sozialen Erscheinungsform der Kirche als Leib Christi, eine theologische Figur der damaligen katholischen Ekklesiologie, unterliegt dem kollektiven Missverständnis der Kirche als großem Tier.[270] In der Sakralisierung gesellschaftlicher und geschichtlicher Momente des Kirchlichen konstatiert Weil die Anfrage und Kritiken der Moderne an den historisch-geschichtlichen Erscheinungsformen der Kirche. Diese ‹Malaise› sei das Grundübel der Kirche seit ihrer politischen Etablierung in der späten Antike, da man Ana-

[269] AaO, S. 65.

[270] In der Enzyklika ‹Mystici corporis› vom 29. Juni 1943 spricht Papst Pius XII. von der Kirche als mystischem Leib Christi (vgl. Heinrich Denzinger: Kompendium der Glaubensbekenntnisse und kirchlichen Lehrentscheidungen, hrsg. Peter Hünermann. Herder: Freiburg i. Br., 40. Aufl. 2005, 1046–1056). Weil setzt diese Metapher in Parallele zu religiösen Anklängen der Totalitarismen, die in Europa zu dieser Zeit herrschten: «Doch gibt es heute manchen mystischen Leib, dessen Haupt nicht Christus ist und der seinen Gliedern Berauschungen verschafft, die meiner Meinung nach von gleicher Natur sind.» (Weil: Das Unglück und die Gottesliebe, S. 66).

logien zwischen dem Heiligen Geist und dem Institutionellen der Kirche schuf und sie für sakrosankt erklärte[271].

Die Philosophin setzt dagegen ihre Sichtweise des Kirchlichen, das als Glaubensgemeinschaft die theozentrische Begründung des Humanums in der Welt und Geschichte zu bezeugen habe. «Gottes Kinder dürfen hienieden kein anderes Vaterland haben als das Universum mit der Gesamtheit aller Vernunftwesen, die es bevölkert haben, bevölkert und bevölkert werden.»[272] Diese universale Liebe macht die Kirche wahrhaft katholisch, dafür bedürfe es einer steten Umkehr und eines Eingeständnisses der geschichtlichen Verstrickungen der Kirche. «Damit die augenblickliche Haltung der Kirche wirksam wäre und wirklich wie ein Keil in das soziale Leben eindränge, bedürfte es dessen, dass sie offen aussprüche, dass sie sich geändert hat oder sich ändern will.»[273]

Die Kirche, ihrer Gefahr einer ideologischen und apologetischen Sprache und Intention gereinigt, hat, so Weil, die Aufgabe, einen neuen Typ von Heiligkeit zu schaffen, der erfunden werden muss, um die Wahrheit und die Schönheit alles Kreatürlichen als Spuren Gottes in der Welt zu lesen[274].

Die Betrachtung der Kirche im Denken Weils geht von der historischen Analyse der geschichtlich konkreten Form der katholischen Kirche aus. Unterstützt sie die Bedeutung der Kirche als Bewahrerin der Dogmen, so unterzieht sie dieselbe einer kritischen Anlayse ihrer geschichtlichen Irrungen und Wirren. Sie legt das Schwergewicht auf die Erfahrung des Individuums, das über dem Kirchlichen steht. So endet Weils Brief an Pater Couturier mit folgenden Überlegungen:

> «Dies alles ist für mich weit entfernt davon, ein Spiel zu sein. Seit meiner Kindheit fühle ich mich zu dem katholischen Glauben hingezogen. Ich denke an diese Dinge seit Jahren, mit der ganzen Intensität der Liebe und Aufmerksamkeit, die mir vergönnt ist; einer zu meinem Unglück beklagenswert schwachen

---

[271] Vgl. Weil: Connaissance surnaturelle, S. 25.
[272] Weil: Attente de Dieu, S. 65.
[273] Weil: Das Unglück und die Gottesliebe, S. 67.
[274] Vgl. AaO, S. 87f.

Intensität, meiner Unvollkommenheit wegen, die aber, wie mir scheint, dennoch im Wachsen begriffen ist. Je mehr sie jedoch wächst, desto stärker werden auch die Gedanken, die mich von der Kirche fernhalten.»[275]

---

[275] Weil: Entscheidung zur Distanz, S 71.

Gnade

«Meines Herzens Wille/Beugt sich dem deinen:/Könnten in Stille/Beide sich einen.»[276] Das Gedicht ‹Disziplin› von Georg Herbert, das Simone Weil in London immer wieder rezitiert, spiegelt das Verständnis von Gnade in ihrem Denken. Das christliche Urwort ‹Gnade› reflektiert Simone Weil in zwei verschiedenen Denkmodellen.

(I) Zum einen verbindet sie Gnade mit ihrer Theorie der ‹attente›. Den Begriff des Wartens steigert Weil bis ins Äußerste, d. h. in diesem Sinn ist der Mensch als Wartender rein passiv. Das «untätige Warten» meint den Moment des Umschlagens und Aufeinandertreffens menschlicher Freiheit (also das Wartenkönnen) und göttlicher Freiheit, in der sich das göttliche Heil den Menschen schenkt. Dieser Moment ereignet sich zufällig und unerwartet und bietet eine kleine Aus-Zeit aus dem Notwendigen. «Der Mensch entgeht den Gesetzen dieser Welt nur für die Dauer eines Blitzes. Augenblicke des Innehaltens, der Betrachtung, der reinen Intuition, der geistigen Leere, des Annehmens innerer Leere. Durch diese Augenblicke ist er des Übernatürlichen fähig.»[277] Die Leere ist eine nötige Disposition, um Gnade zu empfangen; Christus selbst hat im Moment des Höllenabstiegs die totale Leere erlebt[278].

Alle Gesetze der Natur wie alle Phänomene des Mechanismus unterstehen dem Gesetz der Schwerkraft, einzig im Phänomen der Eingebung als dem großen Geheimnis in der Schöpfung kann die Gnade aufleuchten[279]. Für das unverhoffte und unerwartete Heil, das sich dem Menschen schenkt, verwendet Simone Weil immer wieder die Metapher des Hebels.

---

[276] Georg Herbert: «For my heart's desire / Unto Thine ist bent: I aspire / To a full consent.» Zit. nach Cabaud: Simone Weil, S. 355.

[277] Weil: Aufzeichnungen II, 23f.

[278] Vgl. Weil: Connaissance surnaturelle, S. 112f.

[279] Vgl. Weil: Aufzeichnungen II, 319.

Der Hebel ist das mechanische Instrument, das dem Menschen verhilft, sich von der irdischen Schwerkraft weg, zum Transzendenten hin zu bewegen. Die Metapher des Hebels wird auf das innere Leben angewandt: «Wenn kein Hebel da ist, verändert man auf der gleichen Ebene, anstatt in Richtung auf einen größeren Wert umzugestalten.»[280]. Der Hebel ermöglicht dem menschlichen Tun und Denken, in Sphären vorzudringen, die ohne diese genannte Hebelwirkung unzugänglich blieben. Der Mensch hat unter der Dialektik von Schwerkraft und Gnade sein Leben zu gestalten, wie sich im vegetativen Nervensystem des Menschen die regelmäßige Atmung unbewusst steuert. Die Philosophin entnimmt Texte zur Atmalehre aus den Upanischaden, um diese Dialektik zu beschreiben: das Ein- und Ausatmen zeigt die Mitte an, die erst zu Ruhe kommt, wenn beide Atmungen synchron verlaufen.

Da Simone Weil durch ihren eigenen Lebensweg zum Glauben gefunden hat, bedenkt sie darüber hinaus die Bedingungen der Möglichkeit, wie anthropologisch verortet ein gnadenvolles, d. h. ungeschuldetes Beschenktsein möglich sein könnte. Weil geht bei ihren Überlegungen von jenem Menschen aus, der durch sein ‹désir› handlungsbestimmt wird. Dieser ‹désir› schlägt in ein «untätiges Warten» um. Diesen Zustand des untätigen Wartens vergleicht Weil mit dem Knecht der lukanischen Gleichniserzählung, der nur seine Pflicht getan hat (Lk 17,7–10). Durch und in der Haltung des «untätigen Wartens» sieht Weil das Einfallstor der Gnade in den Bereich des Menschlichen und Kreatürlichen. «Die Gnade erfüllt, aber sie kann nur da eintreten, wo es eine Leere gibt, durch die sie empfangen werden kann, und sie ist es auch, die diese Leere schafft.»[281] Die Leere, das Frei-Sein von Bindungen, Notwendigkeiten, Emotionen und Einbildungskraft, findet Weil ebenfalls im Buddhismus.

Alle Gesetze der Natur wie alle Phänomene des Mechanismus unterstehen dem Gesetz der Schwerkraft, einzig im

---

[280] Vgl. Weil: Aufzeichnungen I, 212.
[281] Weil: Aufzeichnungen II, 91.

Phänomen der Eingebung als dem großen Geheimnis in der Schöpfung kann die Gnade aufleuchten[282].

Die Gnadenerfahrung, die aus dieser leeren Ent-Schaffung entsteht, illustriert Simone Weil mit der Metapher des inspirierten Künstlers. «In der Erschaffung eines Kunstwerkes ersten Ranges richtet sich die Aufmerksamkeit des Künstlers auf die Stille und die Leere; aus dieser Stille und aus dieser Leere steigt eine Inspiration herab, die sich in Worten und Formen entfaltet.»[283] Die Kunst gilt, ganz im Sinne Platons, als einzig legitime Chiffre, um das Gnadenwirken Gottes in der Welt zu verdeutlichen. Die tiefe religiöse Erfahrung belebt und befreit einen Menschen und lässt ihn die Wahrheit erfahren. Die Wahrheit zu lieben, heißt den Tod zu akzeptieren.

(II) Zum anderen spricht Weil von einer doppelten Bewegung, um das Wirken der Gnade zu bedenken. Die Schwerkraft bedingt, dass alle Bewegungen der Seele dieser Schwerkraft unterworfen sind. Licht und Schwere beherrschen als duale Prinzipien das Weltall. «König Lear», eine der Königstragödien Shakespeares, ist die Tragödie der Schwerkraft. Alles, was Niedrigkeit umfasst, ist dem Phänomen der Schwerkraft unterstellt. Dieser Kraft steht die Gnade gegenüber, insofern sie eine Bewegung ist, die keinen Anteil an der Bewegung des Hinabsteigens hat. Die Welt als Schöpfung besteht aus diesen beiden Kräften: Schwerkraft und Gnade. «Die Gnade ist das Gesetz der herabsteigenden Bewegung.» (Schwerkraft und Gnade, S. 13). Die Schöpfung lebt von der Abwärtsbewegung der Schwerkraft und der Aufwärtsbewegung der Gnade sowie der Abwärtsbewegung der Gnade in der zweiten Potenz.

Energie, Schwerkraft und Gnade als die Theorie der drei Kräfte (‹Gunas›), die Weil der Bhagavadgita entlehnt und mit der christlichen Theorie der Gnade verbindet, soll im Folgenden kurz erläutert werden.

---

[282] Vgl. aaO, 319.
[283] Weil: Schwerkraft und Gnade, S. 120f.

Die Schwerkraft als Quelle der natürlichen Energie beherrscht die Schöpfung, das Moment der Gnade entspringt sozusagen diesem Gesetz der Schwerkraft, in dem sie die Ausschüttung aller Energie auf Gott meint. In diesem Zusammenspiel von Schwerkraft als der Bedingung der Gnade betrachtet Weil eine dritte Energie: ein Herabsteigen zweiten Grades.

> «Die Schwerkraft bewirkt ein Herabsteigen: der Flügel bewirkt ein Aufsteigen, was für ein Flügel zweiter Potenz bewirkt ein Herabsteigen ohne Schwerkraft.»[284]

Wie ist diese Weilsche Aussage zu verstehen? Aufsteigende und absteigende Bewegung für sich allein genommen, bleiben fruchtlos. Die aufsteigende Bewegung ist vergänglich und vergeblich, wenn sie nicht von einer absteigenden Bewegung umfasst und umgriffen wird: herabsteigen ist übernatürlich, aufsteigen ist natürlich. In der Rede von der zweiten Potenz manifestiert sich in dem Zueinander beider Grundbewegungen (im Sinne einer neuen Harmonie) die Liebe Gottes. Es ist ein neues Sein, das Weil mit einer Stelle aus dem Epheserbrief des Neuen Testaments wie folgt umschreibt: «[...] die Liebe Christi zu erkennen, die alle Erkenntnis übersteigt und so werdet ihr immer mehr erfüllt werden von der ganzen Fülle Gottes.»[285]

Die natürlichen und übernatürlichen Gesetze bestimmen den Kosmos. Während die natürlichen Gesetze der menschlichen Logik erkennbar sind, sind die übernatürlichen dieser nicht zugänglich. Das Gesetz der zweiten Potenz unter seiner erkenntnistheoretischen Sichtweise besagt, dass mittels der Analogie von der natürlichen zur übernatürlichen Erkenntnis geschlossen werden kann. Die Analogie erlaubt dem Menschen die Kontemplation der ewigen Wahrheiten. Gott ist wesentlich Vermittler; Vermittler zwischen Gott und Mensch, Mensch und Mensch, Gott und den Dingen, ich und ich. Mit anderen Worten: Gott lässt sich in allen Dingen finden und ist zugleich der transzendente Grund des Selbststandes von

---

[284] Weil: Aufzeichnungen III, 29f.
[285] Eph 3,19 ; vgl. Weil: Aufzeichnungen II, 153.

uns Menschen. «Gott ist Vermittlung, und in sich ist alles göttliche Vermittlung. Auf analoge Weise ist für das menschliche Denken alles Verhältnis, logos.»[286] Diese Vermittlungsleistung Gottes denkt Weil pneumatologisch. Die darin sich offenbarende Barmherzigkeit ist der Heilige Geist. «Die das Privileg haben, Gott zu betrachten, erfahren seine Barmherzigkeit im übernatürlichen Teil des inneren Lebens. Das ist die Barmherzigkeit Gottes als Heiliger Geist.»[287]

Das Moment der Leere wie der Gedanke der zweiten Potenz zeigen, dass es den Begriff des Übernatürlichen und der Gnade braucht, um die ‹condition humaine› zu denken[288].

Die Schöpfung des Künstlers, der seiner Eingebung folgt, ermöglicht eine Vorstellung von der vollkommenen Handlung. Der Mensch wird erst durch den Verzicht auf jeglichen (Teil-)Zweck seiner Handlung befähigt, ohne eine Zweckmäßigkeit zu handeln. In der «Kritik der Urteilskraft» spricht Kant von der Zweckmäßigkeit ohne Zweck. Diese Figur nimmt Weil auf, um die Gratuität einer menschlichen Handlung unter dem Aspekt der göttlichen Gnade zu beschreiben! Die Welt als Schöpfung Gottes wird jeder eigenen Handlung entleert und so frei für das Gnadenwirken Gottes. In seinem notwendigen Handeln, in seinem Gehorsam Gott gegenüber, so Simone Weil, kann die An-kunft der Gnade Gottes gedacht werden. Weil liest Kant in Verbindung mit der altkirchlichen Peideia-Theorie, die das göttliche Gnadenwirken als Ausdruck des menschlichen Sicheinfügens in einen kosmischen Gesamtzusammenhang versteht und liefert eine Gnadentheorie unter den Bedingungen der Moderne. Der Einklang in den kosmischen Gehorsam und die tiefe Freude daran, lässt Miklos Vetö sagen, dass ‹Kant zur Gnade› führe.[289]

---

[286] Weil: Aufzeichnungen III, 397.

[287] Vgl. Weil: Aufzeichnungen II, 120.

[288] Vgl. aaO, 135.

[289] Miklos Vetö: La Métaphysique religieuse de Simone Weil. Paris: L'Harmattan, 1997, S. 143–149; ders., Kantische Themen im Denken der Simone Weil. In: Simone Weil: Philosophie – Religion – Politik, S. 42–52.

Handeln

Die absolute Wahrheitsliebe wird bei Platon zur Kardinaltugend par excellence, der alle anderen Tugenden wie Gerechtigkeit, Besonnenheit usw. folgen müssen.[290] Diese Wahrheitssuche impliziert aber zugleich ein existentielles Moment, d. h. es ist immer auch eine verité à faire. Weils Engagement in gesellschaftlichen Fragen sowie ihre Schriften zur Gesellschaftstheorie verstehen sich als Kontinuum einer erkenntniskritischen Reflexion der Mechanismen, die die Arbeitswelt und die Gesellschaft bestimmen. Vom Fabriktagebuch bis zur Schrift «Einwurzelung» durchzieht die Frage nach der Gerechtigkeit das gesamte Œuvre Weils. Der anarchopolitische Kampf um politische Rechte der Arbeiterschaft und die Suche nach der Tugend der Gerechtigkeit dürfen nicht gegeneinander ausgespielt werden. Sie gehören zusammen und verstehen sich als Ausdruck der inneren Entwicklung eines komplexen Sachverhalts. In dieser letzten Skizze soll nur die theologische Relevanz dieses Gebietes gestreift werden. «‹Ich bin hungrig gewesen, und ihr habt mir zu essen gegeben (Mt 25,35) – Wann, Herr?› sie wussten es nicht. Man darf es nicht wissen.»[291]

Das menschliche Handeln ist von einem Verlangen geleitet, das dem Willen entspringt. Weil verdeutlicht dies an dem Beispiel des Babys, das nach Nahrung schreit.

> «Ein Kind schreit mit seiner ganzen Stimme und dem ganzen Körper ausdauernd, um Milch und Brot zu verlangen, wenn es Hunger hat. Die Erwachsenen sind gerührt und lächeln, aber das Kind ist vollkommen ernst. Sein ganzer Körper und seine ganze Seele sind ausschließlich mit Verlangen beschäftigt. [...] Ein Kind will nicht die glänzende Sache oder die Milch, es überlegt sich nichts, um sie zu bekommen, es verlangt ganz einfach; es schreit.»[292]

---

[290] Vgl. Platon: Politeia 450e.
[291] Weil: Aufzeichnungen II, 316.
[292] Weil: Aufzeichnungen IV, 80.

Das Handeln spiegelt die Haltung der ‹attente› wieder. Die Aufmerksamkeit, die Glaube und Liebe voraussetzt, manifestiert die Freiheit des Menschen, die mehr als eine bloße Wahlfreiheit meint.[293] Letztlich entspricht das menschliche Handeln der Tugend der Gerechtigkeit, die wiederum im Begriff der christlichen Nächstenliebe kulminiert.

Eine Handlung verdient die Qualität der Nächstenliebe, wenn sie mehrere Forderungen erfüllt. Zum einen ist das Handeln nicht selbst übernatürlich, sondern als Folge eines übernatürlichen Zustandes zu verstehen. Zum anderen soll eine menschliche Handlung nicht allein dazu dienen, Gott in den Mittelpunkt zu stellen.

> «Den Nächsten lieben wie sich selbst setzt voraus, in jedem Menschen dieselbe Verbindung aus Natur und übernatürlicher Berufung zu lesen. [...] Der Nächste ist für uns ein Spiegel, in dem wir uns selbst erkennen, wenn wir ihn lieben wie uns selbst.»[294]

Simone Weil möchte die Begründung der Nächstenliebe strikt anthropozentrisch führen. «Die Liebe des Menschen zu Gott muss jede Hingabe einschließen, von Freund zu Freund, von der Frau zum Geliebten, vom Kind zum Vater, vom Kind zur Mutter.»[295]

Der Gedanke einer ‹guten› (übernatürlich verdienstvollen) Handlung darf sich nicht zwischen Schöpfer und Geschöpf stellen. Die Handlung muss um ihrer selbst willen gemacht werden. Erst dann kann eine übernatürliche Berührung unmittelbar sein. Das wahre Ziel liegt also für Weil nicht darin, dass Gott in allen Dingen gesucht und gesehen werden kann. Dieses Diktum klassischer christlicher Spiritualität stellt Weil auf den Kopf. Das Ziel aller Handlungen besteht gerade darin, «dass Gott durch uns alle Dinge sieht, die wir sehen.»[296]. Der christliche Sinn der Nächstenliebe muss in seiner Pragmatik als grundlegend parteiisch verstanden werden. «Gott

---

[293] Vgl. Weil: Aufzeichnungen II, 104.
[294] AaO, 214.
[295] Weil: Aufzeichnungen III, 82.
[296] Weil: Aufzeichnungen II, 316.

muss auf der Seite des Subjekts und nicht auf der des Objekts stehen, und dies in allen Zeitabschnitten, in denen wir uns von der Betrachtung des Lichtes lösen und die absteigende Bewegung Gottes nachahmen, um uns der Welt zuzuwenden.»[297]

Im Blick auf die Frage des menschlichen Handelns ist kein Bruch zwischen Simone Weil, der Gewerkschaftlerin und Simone Weil, der Mystikerin zu sehen. In ihrer Analyse des modernen Daseinsverständnisses fragt Weil sowohl in ihren frühen wie späten Schriften stets nach den Bedingungen des Beziehungsgeflechts von Wirtschaft, Sozialem und Politischem.

Denken und Handeln bilden für Simone Weil eine Einheit. Der Mensch als Denkender und Handelnder zeigt für Weil die Pascalsche ‹Grandeur›, denn in der Arbeit erschafft sich der Mensch sein Dasein und in der Wissenschaft treibt er mittels seiner Symbolik die Erkenntnis voran.

> «Die Größe des Menschen ist es immer, sein Leben neu zu schaffen. Neu zu schaffen, was ihm gegeben ist. Genau die Dinge zu schmieden, denen er ausgesetzt ist. In der Arbeit erzeugt er seine eigene natürliche Existenz. In der Wissenschaft schafft er die Welt mit Symbolen neu.»[298]

Durch die Arbeit verschafft sich der Mensch eine neue Leseart der Welt.

> «Die Welt ist ein Text mit mehrfachen Bedeutungen, und man gelangt von einer Bedeutung zur anderen durch eine Arbeit. Eine Arbeit, an der immer auch der Körper beteiligt ist, wie, wenn man das Alphabet einer fremden Sprache erlernt, dieses Alphabet der Hand durch beständiges Schreiben der Buchstaben geläufig werden muss. Ohne dies ist jede Veränderung unserer Denkungsart eine Täuschung.»[299]

---

[297] Ebd.
[298] Weil: Aufzeichnungen I, 107f.
[299] Weil: Zeugnis für das Gute, S. 156.

Die Beziehung, die Simone Weil zwischen Denken und Handeln sieht, ist für ihre Theorie der Arbeit, der Handlung und der Freiheit grundsätzlicher Natur. Die Freiheit manifestiert sich weder in der Bedürfnisbefriedigung noch im Konsum oder in einem willkürlichen Handeln. Die tatsächlich reale Freiheit besteht in der freien Verfügung über die eigenen Handlungsmöglichkeiten, die weder fremdbestimmt noch entfremdet verstanden werden dürfen. Sowohl die Analyse der Arbeitsbedingungen in der Fabrik, als auch die Beschreibung dieser als Sklaverei sowie die spirituelle Betrachtung der Arbeit als Anteil des Menschen am biblischen Schöpfungsauftrag haben ein gemeinsames Ziel: die möglichst hohe Selbstbestimmung des Arbeitsprozesses in der Gesellschaft. Die Frage eines gerechten Lohnes sowie das Postulat nach gleichen Bildungschancen werden von Simone Weil als Voraussetzungen einer freien und mündigen Arbeit verstanden.

Simone Weil entwirft eine Theologie und Spiritualität der Arbeit, die eine Steigerung der neuzeitlichen Erfahrung der Entfremdung von der Arbeit postuliert. Die Arbeit als Bedingung der Möglichkeit, durch das eigene Schaffen zu gestalten, ruft nach einer personalen und spirituellen Betrachtung der Arbeit. Die Arbeit als Entfremdung entwurzelt den Menschen, er er-leidet die Arbeit passiv, nutzlos und als Ausbeutung. Eine ‹durchseelte Arbeit› führt den Menschen zu einer wahren Identifikation, die das kreative, freiheitliche und gestalterische Element der Arbeit als ein Hervorbringen (‹producere›) versteht. «Eine Kultur, die aus der Durchseelung der Arbeit erwüchse, wäre der höchste Grad der Verwurzelung des Menschen im Weltall und demnach das Gegenteil des Zustandes, in dem wir uns heute befinden, und der in einer beinah gänzlichen Entwurzelung besteht.»[300] Mit dieser Spiritualität der Arbeit könnten Konservative, Kommunisten wie Christen den Weltauftrag menschlicher Arbeit in einer demokratischen Gesellschaft gemeinsam wahrnehmen.

Das Christliche impliziert für Weil immer die Frage nach der ethischen Dimension christlichen Glaubens. Idem sie in

---

[300] Weil: Einwurzelung, S. 150.

ihrer Reflexion Aktion und Passion zusammendenkt, besteht eine inhaltliche Nähe zu Hannah Arendt und Dietrich Bonhoeffer, die eine neue theoretische wie praktische Bestimmung des Zueinanders beider Größen lieferten.

Das theoretische Handlungskonzept Weils verbindet Gottes- und Nächstenliebe in einer anthropozentrischen Sicht und fordert eine weltliche und weltliebende Spiritualität.

> «Wenn man aus Not Kälte und Hunger verspürt, hat man immer ein wenig Mitleid mit sich selbst, wie hoch man auch im geistigen Sinne stehen mag. Das Mitgefühl für diejenigen, die Kälte und Hunger verspüren, setzt die Fähigkeit voraus, sich selbst unter beliebigen sozialen und materiellen Umständen zu begreifen und vorzustellen. [...] Denjenigen zu essen zu geben, die Hunger haben, ist eine Form der Betrachtung.»[301]

Der Glaube lebt in der Moderne unter den Bedingungen der Gottesvergessenheit. Wie kann angesichts dieses Schweigens Gottes seine Liebe zu Mensch und Welt erfahren werden? Simone Weil spricht in diesem Zusammenhang von dem persönlichen Zeugnis der Glaubenden. «Gott ist in dieser Welt abwesend, außer durch das Dasein derer in dieser Welt, in denen Seine Liebe lebt. Sie sollen darum der Welt gegenwärtig sein durch das Erbarmen. Ihre Barmherzigkeit ist die sichtbare Gegenwart Gottes hienieden.»[302]

Diese Aussage, die aus Aufzeichnungen aus den Jahren 1940/42 stammt, verdeutlicht Simone Weil in ihrem Werk mit dem stets wiederkehrenden Hinweis auf die Relevanz des Lebens- und Glaubenszeugnisses des heiligen Franziskus.

Das Leben von Franz von Assisi stellt für Weil die ganzheitliche und vollkommene Antwort auf die Realität und Schönheit der Schöpfung dar. Seine Spiritualität und seine Praxis der materiellen Armut sind erfüllt von der Dankbarkeit und Demut gegenüber der Schönheit Gottes in seiner Schöpfung. Das Armutsideal des Heiligen ist Ausdruck des Verlangens, die Schöpfung in reiner Weise zu lieben. Leben,

---

[301] Weil: Aufzeichnungen II, 214f.
[302] Weil: Zeugnis für das Gute, S. 242.

Denken und Handeln des Heiligen aus Assisi qualifiziert Simone Weil als Symbol für authentische christliche Nachfolge. «Die Gegenwart der Schönheit in der Welt ist der Experimentalbeweis für die Möglichkeit der Inkarnation. Die Freude, die eine vollkommene und reine Zustimmung der Seele zur Schönheit der Welt darstellt, ist ein Sakrament (die des heiligen Franziskus).»[303]

Die Geschichte der christlichen Spiritualität hat für Weil die Bedeutung der Schönheit der Welt nahezu aus den Augen verloren. «Mit Ausnahme des heiligen Franziskus hat das Christentum die Schönheit der Welt nahezu verloren.»[304]

Die Haltung des franziskanischen Geistes, den Simone Weil sehr bewundert, findet sie ebenso in den Traditionen der geistlichen (Katharer, Albingenser) und höfischen (Troubadoure) Bewegungen des 12./13. Jahrhunderts im Languedoc, denn sowohl die ‹amour spirituel› (‹geistliche Liebe›) als auch ‹le désir› (‹das Verlangen›) sind exklusiv auf das nicht unmittelbar zu erreichende höhere Gut ausgerichtet.

Lebenszeugnisse wie jenes des Heiligen Franziskus sind Spuren der göttlichen Barmherzigkeit in der zerrissenen und fragmentarischen Welt. Diese «privilegierten Menschen bilden ein Zeugnis nach außen, insofern von ihnen wahrnehmbare Zeichen dessen ausgehen, was in ihnen ist».[305] Diese Lebenszeugnisse sind neben der Schönheit und dem Guten der dritte Beweis für die göttliche Barmherzigkeit.

Die verschiedenen Sichtweisen, die Simone Weil in ihrem Werk reflektiert, können als die Skizze einer «säkularen Spiritualität»[306] verstanden werden, die die Momente Handlung, ‹attente›, Solidarität, Glaube und Betonung der Person Christi umfasst.

«Christlicher Geist wird für die französische Philosophin sozusagen zu einer Grundstruktur des Daseins, in vielen Wei-

[303] Weil: Aufzeichnungen III, 390.
[304] Ebd.
[305] Weil: Aufzeichnungen III, 120f.
[306] So die These der Dissertation von Elisabeth Thérèse Winter: Weltliebe in gespannter Existenz: Würzburg: Echter, 2004.

sen implizit vorhanden, egal, welchen Namen man dem Akt des Gutseins und der Orthopraxie gibt, ob man diese als dezidiert christlich bezeichnet oder sie in einer gewissen Anonymität belässt.»[307]

[307] Elisabeth Thérèse Winter: Weltliebe in gespannter Existenz: Würzburg: Echter, 2004, S. 163.

Epilog

Das Bedenken der theologischen Splitter, die sich im gesamten Œuvre der französischen Philosophin verstreut finden, hat durch den gesamten Kosmos Weilscher Gedanken geführt. Ausgangspunkt der Reflexionen Weils bildet die Kategorie der menschlichen Existenz. Simone Weil setzt den Menschen im geschichtlichen und sozialen wie zwischenmenschlichen Kontext stets in Beziehung zu Gott. Die tief religiöse Erfahrung Simone Weils bildet einen Ansatz, um das geschichtliche Phänomen des christlichen Glaubens unter dem religionsphilosophischen Aspekt (neu) zu bedenken.

Der Universalismus des Christusereignisses wird mit der Aufnahme nichtchristlicher und außerchristlicher Traditionen neu buchstabiert. Die neuzeitlichen Erfahrungen einer dunklen Nacht, einer Gottesvergessenheit und eines Gotteshasses, Atheismus, Totalitarismus und Materialismus bilden bei den Überlegungen zu Gott, Welt und (Mit-) Mensch den ideengeschichtlichen Rahmen. Simone Weil geht in vielen klassischen Fragestellungen der Religionsphilosophie und Theologie neue und eigenständige Wege.

Für das Bedenken der Religion und des christlichen Glaubens unter den Bedingungen der Neuzeit liefert Simone Weil eine theologische Skizze, die, ohne in eine falsche Systematisierung des bedachten Gegenstandes zu verfallen, das gesamte Themenspektrum aufgreift.

Für viele Themen lassen sich wichtige, zum Teil widersprüchliche Entwicklungen im Werk selbst nachweisen. Fast alle Themen erhalten durch den Einschnitt der tief religiösen Erfahrung eine Verdichtung, die mit dem Paradox mystischer Rede arbeitet. Die reflexive Beschäftigung mit dem Religiösen impliziert für Weil eine interreligiöse Dimension, wobei Profanes und Sakrales im Denkakt als gleichberechtigt betrachtet werden. «Abgesehen davon durchdenke ich alle Probleme im Zusammenhang mit dem vergleichenden Studium der Religionen, mit ihrer Geschichte, mit der in jeder von ihnen enthaltenen Wahrheit, mit den Beziehungen zwischen der Religion mit den profanen Formen der Wahrheitssuche sowie der Gesamtheit des profanen Lebens, mit der geheimnisvollen Bedeutung der Texte und Traditionen des Christentums.»[308]

Das Bedenken der Glaubenserfahrung besitzt für Simone Weil absolute Priorität vor der geschichtlich-sozialen Verortung des Glaubens. Der christliche Glaube bedarf einer inneren Zustimmung, die zum wesentlichen Grund des Glaubens führt. «Es würde also genügen, auszusprechen, was bereits mehr oder weniger praktiziert wird, und offiziell zu erklären, dass die einzige Bedingung für den Zugang zu den Sakramenten darin besteht, den Mysterien von Trinität, Inkarnation, Erlösung, Eucharistie und dem Wesen des Neuen Testamentes als Offenbarung mit dem Herzen zu glauben.»[309]

Simone Weil plädiert keineswegs für ein dogmenfreies Christentum, sondern sieht die Dogmen als Wegweisung für einen geglückten Lebensentwurf, der sich am Evangelium orientiert. «In diesem Fall könnte der christliche Glauben, ohne die Gefahr einer Tyrannei der Kirche über die Geister, in den Mittelpunkt des gesamten profanen Lebens und sämtlicher Tätigkeiten, aus denen dieses besteht, gestellt werden, und könnte alles, absolut alles, mit seinem Licht durchdringen.»[310]

Worin liegt der Wert, sich heute mit den religionsphilosophischen Reflexionen Simone Weils zu beschäftigen? Es ist ein Signum der postmodernen Kultur und des Daseinsverständnisses, dass alle Wahrheiten geschichtlich gebrochen sind. Die Berufung auf das Traditionselement wird angesichts der fragmentarischen Erfahrung des Lebens immer fraglicher (und hinterfragt). Die Suche nach Wahrheit und die Aufgabe, sich aus der selbstverschuldeten Abhängigkeit zu befreien, stellen Postulate unseres Daseins dar. Zugleich erfahren wir durch das Unglück die Zerrissenheit der Welt und ihrer Aneignung. Die Erfahrung der Shoah und die Tyrannei totalitä-

---

[308] Weil: Pensées, S. 150.
[309] AaO, S. 152f.
[310] AaO, S. 153.

rer Staaten, Terrorismus wie Hunger, soziale wie gesellschaftliche Gewalt und Ungerechtigkeit, Schmerz und Leid stellen einen sicheren Glauben radikal in Frage. Die Frage nach dem Leid bleibt der Fels des Atheismus auch in der postmodernen Welt. Wie kann angesichts der unheilvollen Welt an einen guten Gott geglaubt werden? Ist die Rede von menschlicher Freiheit, wie sie die Philosophien des 19. und 20. Jahrhunderts als Ausgangspunkt jeglicher Denkanstrengung postulierten, ein idealistischer Trugschluss?

Simone Weil legt für den personalen und geschichtlich konzipierten Glauben eine Plausibilitätsstruktur vor, die mit ihrer Reflexion gerade an der neuzeitlichen Erfahrung des Leidens ansetzt. Liegt die erstaunliche Aktualität des Lebens und Denkens Simone Weils nicht gerade darin, durch die Erfahrung des Leidens und der Schmerzen, der Fehlerhaftigkeit und der Schuld zur Erfahrung der Freiheit und des Heils zu kommen? Kann das Lebens- und Glaubensbeispiel dieser radikalen Frau, ihre Lebenserfahrung und tiefschürfende Geistesarbeit als Glaubenszeugnis für den fragenden und nach Glauben suchenden Menschen in der Postmoderne nicht ein Lebensbeispiel sein, das zu denken gibt? Kann die von Simone Weil geleistete Geistesarbeit dem durch die Aufklärung in Misskredit geratenen Begriff der Stellvertretung einen neuen Sinn geben?

«Die Frage, [...] ist, ob die Auseinandersetzung mit Simone Weil und ihrer sich aufbäumenden und verglühenden Existenz nicht ein Versuch ist, durch stellvertretendes Verstehen ihres Leidens das Gewicht der eigenen existentiellen Probleme – vor allem den Schmerz über eine durch und durch unversöhnte Welt und über die Unausweichlichkeit des Todes, des eigenen wie jenes der geliebtesten Menschen – ertragen zu können durch die Umkehrung ihrer Theorie der ‹décréation›, d. h. durch eine gelebte, mutige und zärtliche Zustimmung zur ‹création› und zur Kreatürlichkeit

in deren unversöhnlichen Widersprüchlichkeit, in deren Fehlerhaftigkeit, Schuld und Freiheit.»[311]

Simone Weil – ein Lebenszeugnis, das zu denken gibt.

---

[311] Maja Wicki-Vogt: ‹Handlungen, die wie Hebel hin zu mehr Wirklichkeit sind. Wie funktioniert das?› Oder: Warum hungerte sich
Simone Weil zu Tode. In: Imelda Abbt/Wolfgang W. Müller (Hg.):
Simone Weil: Ein Leben gibt zu denken. St. Ottilien: EOS-Verlag,
1999, S. 151–169, 169.

Zeittafel

1872   7. April: Geburt des Vaters Simone Weils, Bernhard Weil, in Strasbourg

1879   13. Januar: Geburt der Mutter Simone Weils, Salomea Reinherz, in Rostow am Dom

1906   6. Mai: Geburt des Bruders Simones, André Weils, in Paris

1909   3. Februar: Geburt Simone Weils in Paris

1925   ab Oktober Schülerin bei Alain im Lycée Henri IV.

1928   Aufnahme in die Ecole Normale Supérieure

1931   ab Herbst Stelle als Lehrerin in Le Puy

1932   im August Reise nach Deutschland

1933   im August Ferien mit der Familie in Spanien
ab Oktober Philosophielehrerin in Roanne
28. Oktober: Gewerkschaftskongress

1934   ab Oktober unbezahlter Urlaub zwecks persönlicher Studien
ab 4. Dezember Arbeiterin bei der Elektro-Firma Alsthom; Fabriktagebuch entsteht

1935   6. Juni: Arbeitsbeginn bei Renault, Paris, als Fräserin
23. August: Ende der Fabrikarbeit
25. August – 22. September: Ferien in Spanien und Portugal, mystische Erfahrung in Porto
Im Oktober Antritt der Stelle in Bourges

1936	im August Teilnahme (auf der Seite der Republikaner) am Bürgerkrieg in Spanien, im September erleidet Simone Weil Verbrennungen und Rückkehr nach Frankreich
1937	23. April – 16. Juni: Reise nach Italien Mystische Erfahrung in Assisi
1938	Januar bis Juni Krankheitsurlaub wegen der ständigen Kopfschmerzen 10. – 18. April: Aufenthalt in Solesmes
1939	Forschungen auf dem Gebiet der Religionsgeschichte
1940	Simone Weil beginnt mit der Lektüre der Bhagavadgita im Juni verlässt Familie Weil Paris in Marseille nimmt Simone Weil Kontakt zu den «Cahiers du Sud» auf Weihnachten Wiederbegegnung mit Hélène Honnorat, die sie mit Pater Jean-Marie Perrin op bekannt machen wird
1941	Beginn mit den Tagebuchaufzeichnungen im Juni erste Begegnung mit Pater Perrin September/Oktober Weinlese in Saint Julien de Pyrolas
1942	im Mai Abschiedsbriefe an Pater Perrin und Joë Bousquet Aufenthalt in Oran und Casablanca in New York Treffen mit Pater Couturier op Briefwechsel mit Maurice Schumann 10. November: Abfahrt nach England 14. Dezember: Ankunft in London Arbeit an «Einwurzelung» und «Schriften von London»

1943   15. April: Simone Weil wird ins Middlex-Hospital eingeliefert

25. August: Tod Simone Weils

30. August: Beerdigung auf dem Friedhof in Ashfort

Auswahl der Schriften Simone Weils

a) Schriften in französischer Sprache

Attente de Dieu. Préface de Jean-Marie Perrin. Paris: Fayard, 1966.

Intuitions pré-chrétiennes. Paris: Nouvelle Edition: Fayard, 1985.

La connaissance surnaturelle. Paris: Gallimard, 1950.

La source grecque. Paris: Gallimard, 1953.

Œuvres. Paris: Gallimard (Ed. Quarto), 1999.

Œuvres complètes. Ed. pub. sous la direction d'André A. Devaux et de Florence de Lussy. Paris: Gallimard:
- Premiers écrits historiques et politiques. 1988.
- Ecrits historiques et politiques I: L'engagement syndical (1927– juillet 1934). 1988.
- Ecrits historiques et politiques II: L'expérience ouvrière et l'adieu à la révolution (juillet 1934 – juin 1937). 1991.
- Ecrits historiques et politiques III: Vers la guerre (1937–1940). 1989.
- Cahiers (1933– septembre 1941). 1994.
- Cahiers (septembre 1941 – février 1942). 1997.
- Cahiers (février 1942 – juin 1942). 2002.
- Cahiers (juillet 1942 – juillet 1943). 2006.
- Ecrits de Marseille, vol. I (1940–1942). 2008.

Pensées sans ordre concernant l'amour de Dieu. Paris: Gallimard, 1962.

Poèmes suivis Venise sauvée. Lettre de Paul Valéry. Paris: Gallimard, 1968.

b) Schriften in deutscher Übersetzung

Aufzeichnungen/Cahiers, hrsg. von Elisabeth Edl/Wolfgang Matz. 4 Bde. München: Hanser Verlag, 1991–1998.

Die Einwurzelung. Ein Vermächtnis. München: Kösel Verlag, 1956.

Entscheidung zur Distanz. Fragen an die Kirche. München: Kösel Verlag, 1988.

Fabriktagebuch und andere Schriften zum Industriesystem. Frankfurt/M.: Suhrkamp, 1978.

Das Unglück und die Gottesliebe. Mit einem Vorwort von Thomas S. Eliot. München: Kösel Verlag, 1953.

Unterdrückung und Freiheit. Politische Schriften. München: Rogner & Bernhard bei Zweitausendeins, 1987.

Vorchristliche Schau. München-Planegg: Otto W. Barth-Verlag, 1950.

Schwerkraft und Gnade. Mit einer Einführung von Gustave Thibon. München: Kösel, 1954.

Schwerkraft und Gnade. München: Kösel Verlag, 1981.

Zeugnis für das Gute. Spiritualität einer Philosophin. Zürich/Düsseldorf: Benziger Verlag, 1998.

Letzter Text. In: Akzente 45 (1998), S. 290–292.

Perrin, Jean-Marie/Thibon, Gustave (Hg.): Wir kannten Simone Weil. Paderborn: Schöningh, 1954.

Abkürzungen

Pensées: Pensées sans ordre concernant l'amour de Dieu

Aufzeichnungen/Cahiers. Aufzeichnungen + Bandzahl + Seitenzahl

Das Unglück und die Gottesliebe. In: Zeugnis für das Gute, 13–51.